# Detox your life

SARAH WASGIEN

# Detox your life

Loslassen und entrümpeln
in allen Lebensbereichen

CHRISTIAN

# Inhalt

# Vorwort

Wenn du dieses Buch in den Händen hältst, verspürst du in dir vielleicht eine leise Sehnsucht nach Veränderung, nach Erneuerung. Danach, Ballast abzuwerfen und dich endlich von ungeliebten, schädlichen oder lästigen Gewohnheiten zu trennen. Es ist die perfekte Zeit für eine innere und äußere Reinigung und Erneuerung – genau: Detox, Baby!

Unser Körper will geweckt werden, bewegt, durchgeschüttelt und befreit von alten Lasten, Ablagerungen und Blockaden. Nutzen wir diese Energie, und starten wir eine

EIN NEUER WEG BEGINNT MIT DEM ERSTEN SCHRITT

Entrümpelungskur unseres Lebens. Anders als bei den meisten Detox-Konzepten geht es bei „Detox your life" nicht nur darum, unseren Körper mithilfe von Ernährung und Bewegung zu entgiften, sondern wir widmen uns ganzheitlich allen unseren Lebensbereichen. In einer liebenden, uns selbst gegenüber wertschätzenden Grundhaltung blicken wir auf unser Leben, auf unser Zuhause, auf all die Dinge in und außerhalb von uns, von denen wir uns nicht trennen können. Wir beleuchten nicht nur unsere Ernährungs- und Bewegungsgewohnheiten und erkunden, was unser Körper braucht, sondern wir werden auch durch unser Heim gehen und uns von Unnützem, Althergebrachtem und Belastendem trennen.

Haben wir uns erst einmal durch diese Schichten durchgearbeitet und uns sowohl mit unserem Körper als auch mit unserem Zuhause auseinandergesetzt, werfen wir einen Blick unter die Oberfläche und widmen uns unserer Seele. Um zu frischer Energie, neuem Schwung, mehr Lebenskraft und Freude zu gelangen, reicht es nicht, unseren Körper zu entgiften oder unser Haus bzw. unsere Wohnung gründlich zu entrümpeln und aufzuräumen. Genauso wichtig ist es miteinzubeziehen, was uns ausmacht und wie wir durch unser Leben gehen.

„Detox your life“ ist eine Form der gelebten Selbstliebe. Du hast die Möglichkeit, dir in allen Lebensbereichen etwas Gutes zu tun und Unrat, Belastungen und schlechte Gewohnheiten endlich hinter dir zu lassen. Du kannst dieses Buch in einem Rutsch durchlesen oder ein Kapitel nach dem anderen durcharbeiten.

Es wird Kapitel geben, die für dich eine größere Priorität haben als andere. Entscheide selbst, an welchen Stellen du als Erstes tiefer einsteigst. Versuche, dich auf ein Themengebiet zu konzentrieren. Wenn du versuchst alles auf einmal in die Tat umzusetzen, steigt das Risiko, dass du scheiterst. Fokussiere deine Energie lieber, indem du sie mit Leidenschaft und Motivation in ein bestimmtes

## DU ENTSCHEIDEST, WELCHEN WEG DU ZUERST BESCHREITEST

Thema fließen lässt. Erst wenn du das Gefühl hast, Zeit, Raum und Energie für ein neues Themengebiet zu haben, änderst du deinen Fokus.

„Detox your life“ ist ein Arbeitsbuch. Es soll dich inspirieren, motivieren und dir allerhand Methoden, Tipps und Tricks an die Hand geben, um dein Leben an den richtigen Stellen zu entgiften und zu erleichtern. Nutze deine Neugierde und Änderungsbereitschaft, um das Gelesene in die Tat umzusetzen und aus der Theorie in die Praxis zu kommen. Viel Spaß dabei!

# DETOX YOUR *body*

Clean Eating – einfach natürlich * Bio ist Trumpf * Was unser Körper braucht * Der Säure-Basen-Haushalt * Wildkräuter, Säfte & Smoothies * Sei vorbereitet * Der Detox-your-body-Frischekick in 3 Tagen * Rezepte für den Frischekick * Push the Detox * Dein Körper will bewegt werden * Halte durch

# Detox your body

Unser Körper ist unser Tempel, in dem Tag für Tag Erstaunliches vor sich geht. Ich möchte dich in „Detox your life“ dazu anregen, deinen Körper nicht als Feind zu betrachten, mit dem du in täglichem Kampf stehst, sondern als einen Freund und einen Unterstützer. Mir gefällt das Bild des Körpertempels auch deshalb sehr gut, weil mein Körper für mich das mobile Heim meiner Seele ist. Oder ich könnte – wenn du diesen Begriff nicht so gerne benutzt – auch sagen: das Zuhause meines Geistes oder Bewusstseins.

## UNSER KÖRPER IST EIN WUNDERWERK

Unserem Körper verdanken wir es, dass wir uns jeden Tag von der Stelle wegbewegen können. Unsere Füße und Beine tragen uns tagtäglich kilometerweit, unser Herz pumpt literweise Blut ungezählte Male durch unsere Gefäße und versorgt alle unsere Organe damit. Unsere Lungen atmen überlebenswichtigen Sauerstoff, ohne dass wir irgendetwas dafür tun müssen. Unsere Haut schützt uns vor Strahlung und äußeren Einflüssen.

Unser Körper ist ein Tempel, den wir pflegen und hegen müssen, denn wir haben nur diesen einen.

Leber und Nieren filtern und entgiften, während der Darm unsere Nahrung zersetzt und all die wichtigen Nährstoffe herauslöst und aufnimmt, bevor er die Reste gut verdaut wieder ausscheidet. 100 Billionen Zellen leisten jeden Tag ihren Dienst, wobei pro Sekunde 50 Millionen dieser Zellen absterben und fast genauso viele Zellen wieder neu gebildet werden.

Faszinierende und schier unvorstellbare Prozesse laufen rund um die Uhr in unserem Körper ab, um uns am Leben zu halten, und fast all dies passiert ohne unser direktes Zutun. Während unser Körper arbeitet, können wir durchs Leben gehen, reden, arbeiten, lachen, weinen, auskosten, Abenteuer erleben, Spaß an Sex haben, Essen

VOR JEDER VERÄNDERUNG STEHT
DIE ENTSCHEIDUNG, ES ZU VERSUCHEN

schmecken und genießen, uns am Duft von Blumen oder frisch gebackenem Kuchen erfreuen, Musik hören, dazu singen und tanzen, kreativ sein, die Farben von maigrünem Laub oder azurblauem Meerwasser bewundern und die Wärme der Sonne auf unserer Haut spüren. All dies verdanken wir unserem Körper, seinen Funktionen und seinen Sinnen. Je gesünder unser Körper ist, desto leichter ist es, unser Leben voll auszukosten und zu genießen.

## DEN KÖRPER GESUND HALTEN

Doch wie halten wir unseren Körper gesund? Denke ich an das Bild vom Körper als Tempel meiner Seele zurück, würde ich mit einem Gebäude, das als Tempel dient, respekt- und rücksichtsvoll umgehen – schließlich handelt es sich um einen heiligen, einen besonderen Ort. Ich käme nicht auf die Idee, Unrat oder einen Haufen alter, noch verpackter Umzugskartons darin zu stapeln, sondern würde darauf achten, nur schöne Dinge in den

Tempel zu tragen und dort aufzustellen. Würde ich Risse in der Fassade entdecken, würde ich nach den Gründen suchen und die entstandenen Risse nicht nur bestmöglich ausbessern, sondern versuchen, die Ursache zu beheben.

Unser Körper ist heutzutage vielen Belastungen ausgesetzt. Wir nehmen unnatürliches, zuckerhaltiges, meist mit Pestiziden belastetes Essen zu uns, trinken mit Farb- und Konservierungsstoffen versetzte süße Limonaden und essen viel und oft – meist mehr, als wir über den Tag hinweg an Energie verbrennen. Oder wir quälen uns, indem wir hungern, kaum essen und versuchen, uns mit Magermilchprodukten, Diätdrinks und fragwürdigen Proteinshakes über den Tag zu bringen.

Obwohl wir evolutionär gesehen dazu angelegt sind, uns jeden Tag ausgiebig zu bewegen, verbringt ein Großteil von uns den Tag sitzend im Büro, vor dem Computer oder auf der Schulbank. Doch nicht nur Ernährung und Bewegung spielen eine Rolle, wenn es um unsere

**DEN KÖRPER ZU REINIGEN, SCHAFFT RAUM FÜR NEUES**

Gesundheit geht. Auch Themen wie Stress und Hektik, schädliche Beziehungen, fehlende Entspannung sowie Gefühle von Überforderung, Mangel und allgemeiner Unzufriedenheit schwächen unser Immunsystem und damit unseren Tempel. Immer mehr Risse entstehen in der Tempelfassade, im Innenraum finden sich Berge von Müll und Unrat.

Doch mit „Detox your life" gönnen wir unserem Tempel eine Grundsanierung. Wir räumen auf, entrümpeln, putzen gründlich durch und wischen Staub. Wir machen Platz für Neues, für das, was wirklich wichtig ist, und befreien uns von Altlasten. In diesem ersten Teil des Buches blicken wir auf das Thema „Ernährung und Bewegung", bevor wir weiter und damit noch tiefer gehen.

# Clean Eating – einfach natürlich

Jahrelang gehörte es zu meinen großen Leidenschaften, mich mit verschiedenen Ernährungsstilen auseinanderzusetzen. Rückblickend erscheinen sie mir wie ein bunter Blumenstrauß mit verschiedensten Farben und Düften. Manche Ernährungsweisen ähneln einander, andere könnten unterschiedlicher kaum sein. Ob ayurvedische Ernährung, Fünf-Elemente-Ernährung nach der Traditionellen Chinesischen Medizin, vegetarische oder vegane Ernährung, Paleo-Ernährung, Makrobiotik, Roh- und Urkost, Frutarismus oder Trennkost – auffällig fand ich, dass es in jeder Ernährungslehre begeisterte

## ES GIBT NICHT DIE EINE ERNÄHRUNGSWEISE, DIE FÜR ALLE GILT

Vertreter gibt, die von erstaunlichen Verbesserungen ihrer Gesundheit und ihres ganzen Lebens erzählen: von mehr Energie, weniger Müdigkeit, mehr Kraft, jüngerem Aussehen und Gewichtsabnahme bis hin zur Heilung chronischer und als unheilbar geltender Krankheiten. Jeder Vertreter schwört auf seine Ernährungsweise und hält sie für die richtige. Aber wie kann es sein, dass selbst fast gegensätzlich erscheinende Ernährungslehren ähnlich positive Auswirkungen haben?

Meiner ganz persönlichen Meinung nach liegt es vielleicht daran, dass all diese Lehren eine Gemeinsamkeit haben: Sie kochen frisch und nutzen natürliche Lebensmittel. Über diesen gemeinsamen Nenner bin ich auf das Konzept von Clean Eating gestoßen.

Ich glaube nicht daran, dass es die eine Ernährungsweise gibt, die für alle Menschen auf der Welt richtig und gut ist. Denn wir sind nicht alle gleich, unsere Körper sind nicht alle gleich, wir leben in verschiedenen Klimaverhältnissen, wir gehen unterschiedlichen Tätigkeiten nach und haben ganz individuelle Bedürfnisse und Geschmäcker. Nicht umsonst arbeiten Ernährungslehren wie die Fünf-Elemente-Küche oder der Ayurveda sehr differenziert und abgestimmt auf die Konstitution des einzelnen Menschen. Hier werden in sehr komplexen Systemen Ungleichgewichte durch Ernährung wieder in Balance gebracht, wobei jeder Mensch gemäß seiner Konstitution speziell auf ihn zugeschnittene Empfehlungen erhält. Es kann sehr lohnenswert sein, sich mit all den verschiedenen Systemen hinsichtlich unserer Ernährung auseinanderzusetzen und das System zu finden, mit dem man selbst am glücklichsten ist. Jedoch kann man in der heutigen Zeit bei dem schier unüberschaubaren Angebot an vermeintlich gesunden Ernährungsweisen schon einmal den Überblick verlieren.

## GESUND IST ANDERS

Mit relativ großer Sicherheit lässt sich allerdings sagen: Eine möglichst natürliche Ernährung tut allen Menschen gut. Mutter Natur versorgt uns seit Anbeginn der Menschheit mit Wasser, Pflanzen und Tieren. Unsere Körper sind nicht dafür geschaffen, Konservierungsmittel, künstliche Farbstoffe, Aromen und Co. aufzunehmen. Wir brauchen Vitamine, Mineralstoffe sowie verschiedene Fett- und Aminosäuren.

In den westlichen Ländern werden wir unserem Bedürfnis nach möglichst natürlicher Nahrung heutzutage eher selten gerecht. Die Entwicklung unserer Gesellschaft – und mit ihr gleichziehend der Lebensmittelindustrie – beschert uns zumeist eine schnelle Küche, in der wir wenig Zeit fürs Kochen aufwenden müssen. Fertiggerichte aus der Tiefkühltruhe oder aus dem Kühlregal für Backofen, Pfanne und Mikrowelle erleichtern uns unseren Alltag. Als Nachtisch oder für zwischendurch gibt es ein großes Angebot an Snacks, Fruchtjoghurts und Süßigkeiten. Getränke sind mit Zucker und Aromen angereichert, nur wenige Bäcker verzichten auf die Verwendung von Backmischungen und Triebmitteln. Wo wir auch hingucken, stehen Zusatzstoffe auf den Zutatenlisten.

Während wir heute kaum noch selber kochen, boomen die Kochshows weltweit. Noch vor ein bis zwei Generationen verbrachten wir viel Zeit in der Küche, kochten frisch und aßen saisonale Lebensmittel. Oft gab es in den Familien bewährte Rezepte, die von Generation zu Generation weitergegeben wurden.

Einer bestimmten Ernährungsweise zu folgen und den für sich richtigen Weg zu finden, kann sehr bereichernd sein. Ich denke, jeder sollte selbst entscheiden und herausfinden, was seinem Körper guttut. Ebenso sollte jeder für sich entscheiden, ob es für ihn Gründe gibt, eine vegetarische oder sogar vegane Lebensweise zu wählen.

## FRISCH VON MUTTER NATUR

Das Prinzip von Clean Eating ist einfach und für jeden anwendbar und bereichernd. Es hilft, alte Ernährungsgewohnheiten hinter sich zu lassen und dem Körper Gutes zu tun. Ganz automatisch purzeln oft auch ein paar Pfunde, wenn wir unsere Ernährung auf Clean Eating umstellen. Und das, ganz ohne Kalorien zu zählen. Einfach dadurch, dass wir bewusster essen, meistens auch weniger, und gesünder snacken.

Clean Eating bedeutet, Nahrungsmittel so natürlich, frisch und unverarbeitet wie möglich zu uns zu nehmen. Erlaubt sind Gemüse, Obst, Nüsse, Samen, wenig verarbeitete Milchprodukte wie (Natur-)Quark und Joghurt sowie deren pflanzliche Alternativen, Fleisch, Fisch und Meeresfrüchte. Da bei Clean Eating darauf geachtet wird, auf Zusatzstoffe wie Farb- und Konservierungsstoffe sowie Geschmacksverstärker zu verzichten, sollte das beim Kauf von Sojaprodukten und anderen pflanzlichen Alternativen berücksichtigt werden. Salz sollte möglichst sparsam verwendet werden, und auch hier gilt es, auf Meer- oder Kristallsalz ohne Rieselhilfen zurückzugreifen.

## DIE ZUCKERFALLE

Ein weiteres Augenmerk liegt auf unserem Zuckerkonsum. Laut Empfehlung der Weltgesundheitsorganisation (WHO) sollte unser Zuckerkonsum nicht mehr als 6 TL pro Tag betragen. In Deutschland essen wir – Erhebungen der Welternährungsorganisation (FAO) zufolge – jedoch im

Durchschnitt 131 g Zucker täglich, was einer Menge von 26 TL entspricht.

Zucker versteckt sich mittlerweile in so gut wie allen Fertigprodukten, es ist Konservierungsmittel und Geschmacksverstärker in einem. Immer wieder weisen Studien darauf hin, dass Zucker eine drogenähnliche Wirkung auf unser Gehirn hat und abhängig macht. Evolutionär sind wir darauf gepolt, Zucker als schnell verfügbare Energiequelle zu bevorzugen. Früher waren stärker zuckerhaltige Nahrungsmittel wie Beeren, Früchte und Honig rar. Es galt, dem Körper so viel wie möglich davon zuzuführen, um Energie und Kraft zu tanken. Heute werden wir mit Zucker überflutet, und es ist schwierig geworden, sich zuckerarm zu ernähren.

Dieser erhöhte Zuckerkonsum geht mit vielen gesundheitlichen Problemen einher. Neben Gewichtszunahme, Fettleber, Diabetes und Herz-Kreislauf-Erkrankungen steht Zucker auch im Verdacht, sich begünstigend auf die Entstehung von Krebserkrankungen auszuwirken. Neben dieser gravierenden Auswirkung sorgt übermäßiger Zuckerkonsum für vorzeitige Hautalterung, macht uns

Fälschlicherweise hören und lesen wir oft brauner Zucker sei gesünder als weißer. Er enthält jedoch nur minimale Spuren von Mineralstoffen und wirkt sich genauso schädlich auf unseren Körper aus.

müde, niedergeschlagen, energie- und kraftlos – eine Menge guter Gründe, Zucker zu meiden. Jedoch versteckt sich das süße Gift oft unter anderen Namen in den Zutatenlisten unserer Nahrungsmittel, zum Beispiel: Saccharose, Glukose, Fruktose, Dextrose, Raffinose, Gerstenmalz, -extrakt, Laktose, Maltodextrin, Weizendextrin, Dextrin, Maltose, Malzextrakt oder Karamellsirup.

Nach dem Clean-Eating-Konzept verzichten wir auf zugesetzten Zucker jeglicher Art, erlaubt ist natürlich vorkommender Zucker in Früchten und Gemüse. Versuchen sollten wir jedoch, fertige Produkte aus Obst wie abge-

ZUCKER KANN WIE EINE DROGE AUF UNSER GEHIRN WIRKEN

packte Säfte, Smoothies usw. wegzulassen. Oft denken wir, Fruktose sei eine gesunde Alternative zu Zucker. Das ist nicht so, denn gerade diese Zuckerform wird von der Leber zügig in Fett umgewandelt. Ein Glas Apfelsaft zum Beispiel enthält ca. sieben Würfel Zucker und ist schnell getrunken. Die Menge an Äpfeln, aus denen ein Glas Saft gewonnen wird, würden wir vermutlich nicht auf einmal essen, da wir spätestens nach ein bis zwei Äpfeln keinen Appetit mehr hätten.

Solltest du im Rahmen deiner Ernährungsumstellung auf Dauer ab und zu Backwaren und Co. in deinem Speiseplan nicht missen wollen, kannst du mit gesünderen Alternativen wie Kokosblütenzucker, Ahornsirup, Xylit oder Stevia experimentieren. Dies sollte jedoch die Ausnahme bleiben. Auch der Konsum von Trockenfrüchten ist erlaubt, sollte aber in Maßen geschehen. Wenn sich dein Geschmackssinn erst einmal daran gewöhnt hat, zuckerfrei zu essen, werden dir viele Süßspeisen von früher nicht mehr schmecken, und eine einzelne Dattel wird dir in Momenten wahrscheinlich schon reichen, in denen du früher eine ganze Tafel Schokolade gegessen hättest.

# Bio ist Trumpf

Wenn wir uns mit dem Konzept von Clean Eating und gesunder Ernährung beschäftigen, liegt es nahe, auch auf die Qualität von unserem Obst und Gemüse zu achten. Biologisch angebaute Lebensmittel sollten zumindest einen Großteil deiner Nahrung ausmachen. Denn biologisches Obst und Gemüse ist nicht nur fast frei von Pestiziden, es enthält in vielen Fällen auch mehr Mineralien und Vitamine als konventionell angebaute Nahrungsmittel. Daher lohnt es sich gerade in einer Zeit, in der wir viel für uns tun wollen, beim Einkauf auf ein Biosiegel zu achten. Wer es besonders konsequent handhaben möchte, der darf gerne nach zusätzlichen Bioverbänden Ausschau halten. Bioland, Demeter, Naturland und Co. halten sich nicht nur an die EG-Öko-Verordnung, sondern haben darüber hinaus eigene strengere Richtlinien und Kontrollen.

## FRISCH, SAISONAL UND REGIONAL

Aus verschiedenen Gründen sind Biolebensmittel meistens teurer als ihre konventionell angebauten Geschwister. Wenn du glaubst, dir bio grundsätzlich nicht leisten zu können, wäre es eine Möglichkeit, deine Prioritäten zu überprüfen. Wofür gibst du normalerweise dein Geld aus? Sparst du vielleicht automatisch Geld ein, weil du dir sonst oft unterwegs hier und da einen Snack oder eine Kaffeekreation gönnst? Viele Biomärkte haben

**KAUFE AM BESTEN SAISONAL UND REGIONAL**

eine Obst- und Gemüsekiste mit Ware, die nicht mehr hundertprozentig frisch und daher im Preis heruntergesetzt ist. In unserem Biomarkt finde ich dort häufig Sachen, die sogar günstiger sind als im konventionellen Supermarkt. Oder schau dich auf Wochenmärkten um. Dort gibt es oft regionale Bauern, die zwar keine Bioware vertreiben, deren Ware aber gesünder ist als Tomaten aus holländischen Gewächshäusern. Auf der Homepage von Greenpeace kannst du dir den aktuellen Einkaufsführer herunterladen, der eine Auflistung darüber enthält, welche Supermarktketten hinsichtlich pestizidbelas-

SETZE AUF SELBSTGEZOGENES OBST UND GEMÜSE

teter Ware eher zu meiden sind und welche Obst- und Gemüsesorten aus welchen Ländern eine besonders hohe Schadstoffbelastung aufweisen. Generell fährst du mit möglichst regionaler und saisonaler Ware am besten.

Eine weitere Alternative zu Biomärkten ist es, im Umland Bauernhöfe mit eigenem Hofladen zu suchen oder in türkischen Lebensmittelläden einzukaufen.

Vielleicht gehörst du ja auch zu den glücklichen Menschen, die ein kleines Stück Garten oder Balkon ihr Eigen nennen können. Selbst gezogenes Obst und Gemüse ist natürlich nicht zu toppen.

Auch wenn dir Obst und Gemüse in Bioqualität vielleicht unerschwinglich erscheint – es lohnt sich, zumindest Grundnahrungsmittel wie Getreide in Bioqualität zu kaufen. Reis, Amaranth, Quinoa und Co. kaufe ich ebenso in Bioqualität wie Öle, Essig, Gewürze, Getreideflocken oder Mehl.

## HAUPTSACHE SELBST GEMACHT

Falls du dir kein biologisch angebautes Essen leisten kannst, ist das nicht schlimm. Du ernährst dich mit frischen Lebensmitteln à la Clean Eating auf jeden Fall gesünder und ausgewogener als mit Fertigprodukten. Denn in Fertigprodukten stecken meist konventionell angebautes Obst und Gemüse sowie viele Geschmacks-, Farb- und Konservierungsstoffe, Fette und Zucker. Genieße dein Essen – ob bio oder nicht – in vollen Zügen.

# Was unser Körper braucht

**Vitamine, Mineralien und Spurenelemente sorgen dafür, dass unser Körper gesund bleibt. Ob Wundheilung, Zellteilung, Wachstum von Haaren und Nägeln oder das Abfangen freier Radikale – die Inhaltsstoffe in unserer Nahrung sind von großer Bedeutung für unseren Körper. Vitamine liefern zwar keine Energie, sind aber lebenswichtig für verschiedene Stoffwechselfunktionen, während Mineralien eine große Rolle für unseren Energiehaushalt, die Nervenfunktion, die Muskelkontraktion und die Wiederherstellung und den Erhalt von Gewebe spielen.**

## VITAMIN D

Vitamin D ist zuständig für starke Knochen und gut funktionierende Muskeln und Nerven. Ausreichend Vitamin D beugt Osteoporose vor, da es unseren Kalzium- und Phosphatstoffwechsel reguliert. Vitamin D wird von unserer Haut bei Sonneneinstrahlung gebildet. Daher ist es wichtig, auch im Winter regelmäßige Aufenthalte im Freien zu planen, bei denen mindestens unser Gesicht und unsere Arme von Tageslicht getroffen werden. In der dunklen Jahreszeit kann es nötig sein, Vitamin D zu substituieren, am besten in Form von Tabeletten oder Öl. Erkundige dich in diesem Fall nach Vitamin K2 welches in Kombination mit Vitamin D substituiert werden sollte.
**Enthalten in** Leber, Eigelb und manchen Fischsorten

## VITAMIN E

Dieses Vitamin ist ein ausgezeichneter Radikalfänger. Mit seiner Fähigkeit, freie Radikale abzufangen und diese unschädlich zu machen, unterstützt es unser Immunsystem, fördert die Fruchtbarkeit, sorgt für kräftigen Haarwachstum und hilft unserer Haut, sich zu regenerieren.
**Enthalten in** kalt gepressten Pflanzenölen wie Weizenkeimöl, Sonnenblumenöl und Olivenöl sowie in Erdnüssen und Hühnerei

## VITAMIN A

Vitamin A und seine Vorstufe Betacarotin sind besonders bedeutend für unsere Augen und deren Sehkraft. Sie helfen uns, im Dunkeln zu sehen, stärken die Sehkraft und schützen darüber hinaus unsere Haut vor UV-Strahlen. Nach der Aufnahme von Betacarotin wird dieses im Körper zu Vitamin A umgewandelt.
Da es sich um ein fettlösliches Vitamin handelt, nehmen wir es am besten mit etwas Öl zu uns.
**Enthalten in** gelbem bis orangem Obst und Gemüse, z. B. Sanddorn, Aprikose, Paprika, Möhre und Kürbis, aber auch in Grünkohl, Mangold, Feldsalat und Spinat

## VITAMIN B1/B2/B6/B12

Die B-Vitamine sind wichtig für die Funktion unserer Nerven und Muskulatur sowie für die Immunabwehr, die Blutbildung und den Energiestoffwechsel. Eigentlich sind es 8 B-Vitamine, aber hier sind die wichtigsten aufgelistet.
**Enthalten in** B1: Hefe, Weizenkeimen, Fleisch, Thunfisch, Vollkornprodukten, Hülsenfrüchten
B2: Milchprodukten, Eiern, Vollkornprodukten
B6: Fleisch, Kohl, Salat, Kartoffeln, Bananen, Vollkornprodukten
B12: Käse, Milchprodukten, Eiern, Fisch, Fleisch, Sauerkraut

## VITAMIN K

Damit unser Blut nicht zu dünnflüssig ist, brauchen wir Vitamin K. Es reguliert die Blutgerinnung und ist an der Knochenbildung beteiligt.
**Enthalten in** Spinat, Grünkohl, Kresse und Getreide

## VITAMIN C

Berühmt für seine das Immunsystem stärkende Wirkung hilft Vitamin C darüber hinaus bei der Wundheilung, dient dem Zellschutz und hilft dem Darm, Eisen aufzunehmen.
**Enthalten in** frischem Obst und Gemüse wie Zitrusfrüchten, Kiwi, Sanddorn, Paprika, Hagebutten und Petersilie

## NIACIN

Niacin oder Vitamin B3 ist für den Ab- und Aufbau von Fett- und Aminosäuren sowie Kohlenhydraten im Körper zuständig und wichtig für die Zellteilung. Somit unterstützt es unser Nervensystem.
**Enthalten in** Innereien, Eiern, Milch, Fleisch, Kartoffeln und Getreide

## FOLSÄURE

Dieses Vitamin spielt eine große Rolle bei der Zellteilung und Zellneubildung sowie bei der Entwicklung unserer DNA. Der Bedarf bei Schwangeren ist erhöht, Frauen mit Kinderwunsch wird geraten, zusätzlich Folsäure zu substituieren. Fehlt es innerhalb einer Schwangerschaft an Folsäure, kann dies zu Schäden bei der Entwicklung des Nervensystems des Embryos führen.
**Enthalten in** Weizenkeimen, Tomaten, Spinat, Orangen, Weintrauben, Milchprodukten, Eiern, Rinder- und Hühnerleber

## BIOTIN

Biotin ist bekannt für seine Eigenschaft, Haare, Nägel und Haut zu stärken und quasi einen Schönheitseffekt zu haben.
**Enthalten in** Sojabohnen, Haferflocken, Spinat, Möhren und Linsen

## DIE CAROTINOIDE

Neben Betacarotin, der Vorstufe von Vitamin A, gibt es noch weitere gesunde Carotinoide. Dazu zählt zum Beispiel Lycopin, das unter anderem in Tomaten, Hagebutten, Grapefruits und Wassermelonen zu finden ist. Lycopin ist eines der am stärksten antioxidativ wirkenden Carotinoide und schützt damit unseren Zellen vor freien Radikalen. Wenn wir Tomaten erhitzen, begünstigt dies die Aufnahme des enthaltenen Lycopins in den Körper. Darüber hinaus gehören auch Lutein und Zeaxanthin zu den Carotinoiden. Beide haben eine besonders augenschützende Wirkung, stärken die Sehkraft, filtern UV-Strahlung und bewahren ebenfalls vor freien Radikalen. Sie finden sich in grünem Gemüse wie Grünkohl.

## PHYTOALEXINE

Ein sehr antioxidativ wirkendes Phytoalexin ist das sogenannte „Resveratrol". Es senkt darüber hinaus den Gehalt von schädlichem LDL-Cholesterin im Blut und unterstützt unser Herz-Kreislauf- sowie unser Immunsystem. Außer in Blaubeeren, Knoblauch und Rotwein findet sich Resveratrol in größeren Mengen in der Haut von Trauben. Ebenfalls in Trauben enthalten sind entzündungshemmende Flavonoide wie Quercetin. Der gelbe Pflanzenfarbstoff wirkt blutdrucksenkend und schützt vor Ablagerungen in den Blutgefäßen.

## GESÄTTIGTE UND UNGESÄTTIGTE FETTSÄUREN

Viele ernährungsbewusste Menschen versuchen, Fett zu vermeiden, doch Fett ist nicht gleich Fett. Lowfat-Produkte sind meistens hoch verarbeitet und entsprechen nicht den Kriterien des Clean-Eating-Prinzips. Noch dazu sind diesen Produkten oft Süßstoffe und Zucker zugefügt, da Fett ein natürlicher Geschmacksträger ist. Wird einem Lebensmittel Fett entzogen, müssen meist Zucker und andere Zusatzstoffe her, um dem Produkt einen guten Geschmack zu geben. Fette sind wichtig für den Körper, denn sie halten unsere Zellen elastisch, sind Baustoff für Hormone und schützen unsere Gefäße.

Grundsätzlich unterscheidet man zwischen gesättigten sowie einfach und mehrfach ungesättigten Fettsäuren. Idealerweise sollten wir ca. ein Drittel gesättigte, ein Drittel einfach ungesättigte und ein Drittel mehrfach ungesättigte Fettsäuren zu uns nehmen.

Gesättigte Fettsäuren gelten gemeinhin als ungesund und finden sich vor allem in tierischen Lebensmitteln wie Butter, Sahne, Wurst und Fleisch. Diese Fette erhöhen vor allem den Gehalt an LDL-Cholesterin, dem schädlichen Cholesterin, das Arteriosklerose und damit verbundene Herz-Kreislauf-Erkrankungen begünstigt. Es gibt jedoch auch pflanzliche gesättigte Fettsäuren in Palm- oder Kokosfett. Derzeit wird diskutiert, ob gesättigte Fettsäuren aus Kokosfett nicht sogar eine gesundheitsfördernde Wirkung haben und der Ansatz, dass alle gesättigten Fette schädlich sind, falsch sei.

Ungesättigte Fettsäuren wirken entzündungshemmend und unterstützen die Zellteilung, die Funktion unseres Gehirns und unserer Zellmembranen, indem sie diese flexibel und durchlässig erhalten. Einfach ungesättigte Fettsäuren finden wir vor allem in Oliven- und Rapsöl, Nüssen und Avocados.

Mehrfach ungesättigte Fettsäuren nennt man auch „essenziell" Fettsäuren. Essenziell bedeutet, dass unser Körper nicht in der Lage ist, diese selbst herzustellen. Deshalb sind wir darauf angewiesen, genügend mehrfach ungesättigte Fettsäuren über unsere Nahrung aufzunehmen. Omega-3-Fettsäuren finden sich vor allem in Raps- oder Leinöl, aber auch in Seefisch wie Lachs. Omega-6-Fettsäuren sind in Weizenkeim-, Sonnenblumen- und Traubenkernöl enthalten.

## TRANSFETTE

Eine Ausnahme unter den ungesättigten Fettsäuren bilden die sogenannten „Transfette". Diese gehärteten Pflanzenfette sind sehr ungesund. Ursprünglich flüssige Öle können durch bestimmte Verfahren streichfähig gemacht werden, einer der berühmtesten Vertreter ist die pflanzliche Margarine. Aber auch in Frittiertem, in Chips, Pommes, Blätterteig, Keksen und vielen anderen verarbeiteten Lebensmitteln finden sich Transfette. Transfette senken den HDL- und steigern den LDL-Cholesterinwert im Blut.

# Der Säure-Basen-Haushalt

Die Säuren und Basen in unserem Körper lassen sich anhand des pH-Wertes bestimmen. Der pH-Wert ist ein Maß für den sauren oder basischen Charakter einer wässrigen Lösung. Säuren enthalten positiv geladene Wasserstoffionen, Basen hingegen negativ geladene Teilchen aus einem Wasserstoff- und einem Sauerstoffatom. Unser Körper verfügt über verschiedene Kontrollmechanismen, die unseren Säure-Basen-Haushalt ausgleichen. Wenn wir atmen, sorgt das ausgeatmete Kohlendioxid für eine pH-Wert-Regulierung, ebenso gibt es pH-Puffer in unserem Blut, und unsere Nieren scheiden überschüssige Säure aus. Während verschiedene Organe im Körper unterschiedlich basisch oder sauer sind, liegt der pH-Wert unseres Blutes idealerweise leicht basisch um die 7,4.

Essen wir zu viel säurebildende Nahrungsmittel, kann dies zu einer Übersäuerung führen. Mit Übersäuerung ist jedoch keine akute Azidose gemeint, sondern eine chronisch latente Azidose. Ersteres ist ein seltener lebensgefährlicher medizinischer Notfall, der sofort behandelt werden muss. Eine chronisch latente Azidose dagegen, äußert sich etwa darin, dass wir uns oft müde und energielos fühlen, an Kopfschmerzen leiden, nervös sind, uns schlecht konzentrierten können und weniger leistungsfähig sind. Unser Körper ist anfälliger für Infekte, die Nägel sind brüchig, es kann zu Muskelkrämpfen, Mundgeruch und Schuppenbildung kommen. Überschüssige Säuren werden als Schlacken in unserem Bindegewebe abgelagert und schwemmen das Gewebe auf. Durch eine gesunde, basenreiche Ernährung können wir den Säure-Basen-Haushalt unseres Körpers ausbalancieren und somit eine Übersäuerung unseres Körpers vermeiden. Für ein ideales Säure-Basen-Verhältnis sollte unsere Nahrung zu 80 % aus basenbildenden Lebensmitteln wie Obst und Gemüse bestehen. Clean Eating hilft uns, da säurebildende Lebensmittel wie Konserven und Fertigprodukte nicht auf dem Speiseplan stehen.

Hier eine kleine Übersicht mit einigen Beispielen:

## BASISCHE LEBENSMITTEL

**Obst**
- Äpfel
- Bananen
- Datteln
- Grapefruits
- Kirschen
- Kiwis
- Mangos
- Oliven
- Pflaumen
- Stachelbeeren
- Wassermelonen
- Weintrauben
- Zitronen

**Gemüse**
- Auberginen
- Blumenkohl
- Brokkoli
- Grünkohl
- Karotten
- Kartoffeln
- Kürbis
- Mangold
- Radieschen
- Rotkohl
- Spinat
- Zucchini
- Zwiebeln

**Getreide**
- Amaranth
- Buchweizen
- Hirse
- Quinoa

**Pilze**
- Champignons
- Pfifferlinge
- Shiitake
- Steinpilze

**Sprossen und Keime**
- Alfalfa
- Bockshornklee
- Dinkel
- Mungobohnen
- Senf
- Weizen

**Kräuter, Essig und Salate**
- Apfelessig
- Basilikum
- Brennnesseln
- Brunnenkresse
- Dill
- Eisbergsalat
- Feldsalat
- Ingwer
- Kopfsalat
- Liebstöckel
- Majoran
- Melisse
- Nelken
- Pfefferminze
- Schnittlauch
- Zimt

**Nüsse & Samen**
- Mandeln
- Maronen
- Paranüsse
- Walnüsse

**Getränke**
- Buttermilch
- frische Frucht- und Gemüsesmoothies
- frische Säfte
- Kräutertees
- Sojamilch
- Wasser

**Sonstiges**
- Blütenpollen
- Brottrunk
- Pflanzenöle
- Tofu

## SAURE LEBENSMITTEL

**Obst**
- unreifes Obst

**Getreide**
- Haferflocken
- Nudeln
- Reis
- Vollkornprodukte

**Nüsse & Samen**
- Cashewnüsse
- Erdnüsse
- Haselnüsse
- Kürbiskerne
- Pistazien
- Sesamsamen

**Getränke**
- Alkohol
- Gezuckertes
- Kaffee
- Milch
- schwarzer Tee

**Sonstiges**
- Brot
- Eier
- Fisch
- Fleisch
- Käse
- Teigwaren
- Wurst
- Zucker

### GÄNSEBLÜMCHEN AUF AVOCADOBROT

Eine Scheibe Vollkornbrot mit Avocado bestreichen und mit einigen Gänseblümchen-Blüten verzieren.

# Wildkräuter, Säfte & Smoothies

Wildkräuter wie Löwenzahn, Brennnessel, Gänseblümchen und Co. stecken voller Vitamine, Mineralstoffe und Spurenelemente. Sie enthalten meist ein Vielfaches an gesunden Inhaltsstoffen verglichen mit dem Gemüse, das wir kaufen können. Versuche daher so oft wie möglich, Wildkräuter in deinen täglichen Speiseplan zu integrieren. Du kannst sie in deine Smoothies oder in deinen Salat geben, auf Brot oder Brötchen legen oder einfach pur snacken.

Achte beim Sammeln der Kräuter darauf, wo sie wachsen. Vermeide es, Wildkräuter direkt am Wegrand zu pflücken, der oft als Hundetoilette dient. Sammelst du in der Nähe von stark befahrenen Straßen, solltest du die Kräuter gut waschen, bevor du sie verwendest.

## FLÜSSIGES GOLD

Eine grandiose Möglichkeit, um täglich genügend Vitamine, Mineralien, Spurenelemente und Co. in unsere Ernährung zu integrieren, sind frische Säfte und Smoothies. Wichtig ist, dass wir nicht in die Zuckerfalle tappen und ausschließlich Obst in unsere Kreationen packen. Idealerweise besteht unser Saft oder Smoothie zu einem Großteil aus Gemüse inklusive grünem Blattgemüse und wird nur durch ein bisschen Obst ergänzt. Je grüner unsere Säfte und Smoothies, umso gesünder,

JE GRÜNER DER SMOOTHIE DESTO GESÜNDER

denn der Anteil der enthaltenen Fruktose – wir erinnern uns an das Thema Zucker – ist dann nur gering, während wir größere Mengen an Mineralstoffen Spurenelementen und Chlorophyll – dem Stoff, der Blätter grün macht – zu uns nehmen. Aber natürlich spielt guter Geschmack auch eine Rolle, vor allem wenn wir neu auf dem Gebiet sind. Es spricht deshalb nichts dagegen, anfangs mehr Obst als

Gemüse in unsere Rezepte zu packen und den Anteil von Gemüse erst nach und nach zu erhöhen.

Im folgenden Detox-your-body-Frischekick-Teil habe ich nur Smoothie-Rezepte angegeben, da die meisten eher einen Haushaltsmixer oder einen Pürierstab als einen Entsafter zu Hause haben. Wenn du Gefallen an Säften und/oder Smoothies findest, lohnt sich die Investition in einen langlebigen und leistungsstarken Entsafter oder Standmixer. Empfehlungen findest du im Anhang des Buches.

Wildkräuter sind eine wunderbare Ergänzung zu unserem Speiseplan und liefern viele Vitamine, Mineralstoffe und Spurenelemente.

# Sei vorbereitet

Wenn es um die Umstellung deiner Ernährung geht, um gesundes Kochen und Essen, dann hilft eine gute Vorbereitung ungemein. Denn unser größter Feind ist der Hunger, der uns plötzlich irgendwo übermannt. Ob unterwegs, auf der Arbeit oder sogar zu Hause – es kann passieren, dass wir alle guten Vorsätze über Bord werfen, uns in der Kantine eine riesige Portion Pommes mit Würstchen holen, einen Streuseltaler beim Bäcker kaufen oder von zu Hause aus doch das Pizza-Taxi anrufen, wenn der Magen schreit, die Laune sinkt und wir einfach schnell und unkompliziert etwas essen möchten. In der heutigen Zeit sind die meisten von uns in Familie oder Beruf eingebunden und haben nur bedingt Spielraum, um sich lange in der Küche aufzuhalten. Der Wecker klingelt sowieso schon, wenn es noch Nacht ist, Kinder wollen angezogen und bespaßt werden, die Arbeit ist stressig, abends schlafen wir um acht auf der Couch ein. Wenn du gesunde Ernährung in deinen Alltag integrieren möchtest, fang an, gut zu planen.

Nimm dir an einem Tag in der Woche Zeit, um einen Mahlzeiten-Plan für die kommenden sieben Tage auszufüllen. So siehst du direkt, was du brauchst, und kannst mit einplanen, an welchen Tagen du viel unterwegs bist und wenig Zeit zum Kochen hast. Du kannst die Größen der Portionen variieren und Reste berücksichtigen. Die meisten Mahlzeiten halten sich im Kühlschrank gelagert noch einige Tage, sodass du von Gerichten mindestens zweimal essen kannst.

Wenn du Smoothies in deinen Alltag integrieren möchtest, suche dir einfach verschiedene Rezepte für die kommenden Tage aus und plane dir Zeit ein, um alle auf einmal vorzubereiten. Dazu brauchst du nur ein paar Gefriertüten oder andere Behälter, die du einfrieren kannst. Beschrifte diese mit dem Namen des jeweiligen Smoothies und fülle alle Zutaten fertig präpariert, also klein geschnitten und eventuell geschält, hinein. Am Morgen brauchst du nichts weiter zu tun, als die Zutaten für den heutigen Smoothie mit einer Tasse warmem Wasser in den Mixer zu geben.

Wenn du an ein oder zwei Tagen in der Woche Zeit hast, um etwas länger in der Küche zu zaubern, kannst du an diesen Tagen gleich mehrere Gerichte für die kommenden Tage vorkochen, so dass du diese nur noch aufzuwärmen brauchst, wenn du sie essen möchtest.

Bist du unterwegs, gibt es eine Menge an Möglichkeiten, dir etwas Gesundes zum Essen mitzunehmen. Aus Japan kommt der Trend der sogenannten „Bento-Boxen": Lunchboxen gefüllt mit teils wunderschön arrangierten Lebensmitteln – von rohem Gemüse und Obst über Sushi bis hin zu warmen Gerichten, Reis oder Suppen.

## SALAT TO GO

In verschließbaren Vorrats- oder Einmachgläsern können wir frische Salate für mehrere Tage vorbereiten und mitnehmen. Dazu füllen wir das Glas in mehreren Schichten:

- **1. Getreide und Kohlenhydrate:**
  Dazu zählen Reis, Kartoffeln, Hirse, Quinoa und Co.
- **2. Dressing, Saucen, Milchprodukte:**
  Flüssigkeiten wie Joghurt, Käse und Dressing kommen als Zweites in unser Glas.
- **3. Obst und Gemüse:**
  Egal, ob Radieschen, Möhren, Apfelstückchen oder Tomaten – hier tummelt sich alles aus den Kategorien Gemüse und Obst.
- **4. Proteine:**
  Tofu, Eier, Fleisch oder Fisch schichten wir als Vorletztes ins Glas.
- **5. Blattgrün, Körner und Nüsse:**
  Als Abschluss gibt es grünes Blattgemüse und Salatblätter. Da diese am schnellsten welken oder matschig werden, bilden sie den Abschluss, damit sie nicht von den anderen Zutaten zerdrückt werden. Dazu gesellen dürfen sich Hanfsamen, Nüsse, Sprossen und Co.

Wichtig ist, das Glas erst zu schütteln und so die Zutaten miteinander zu mischen, wenn du den Salat kurz darauf verzehren möchtest. Auf diese Weise bleibt der Salat im Glas möglichst lange frisch. Bis dahin bewahrst du ihn im Kühlschrank auf.

# Der Detox-your-body-Frischekick in 3 Tagen

Um uns dauerhaft gesund zu ernähren, ist eine Ernährungsumstellung meist nicht zu umgehen. Doch oft fällt es uns schwer, viele alte und teils liebgewordene Gewohnheiten gehen zu lassen. Wir fühlen uns schnell überfordert und finden nicht die Zeit, um uns umzustellen. Oftmals kommen wir ins Schwitzen, sobald wir unterwegs sind und Hunger verspüren oder vielleicht irgendwo zum Essen eingeladen sind. Gerade die ersten Tage fallen uns oft besonders schwer, es können regelrechte Entzugssymptome auftreten, vor allem wenn wir normalerweise viel Zucker oder Koffein zu uns nehmen.

## DETOX IST EIN NEUSTART FÜR DEINEN KÖRPER

Es hilft, mit einem kleinen Reboot des Körpers zu starten. In „Detox your life" wollen wir alten Ballast loswerden und unserem Körper auch eine Verschnaufpause gönnen sowie eine Reinigung und einen Frischekick, die uns wieder neue Energie schenken und Lust auf mehr machen.

In den folgenden drei Tagen wirst du deinen Körper mit wunderbarer leichter, lebensspendender und erfüllender Nahrung beschenken. Dies wird dir vielleicht anfangs schwerfallen, aber die Ergebnisse werden der Mühe wert sein. Denk einfach daran, dass es nur drei Tage sind. Das schaffst du!

Du brauchst dich in diesen drei Tagen an keines meiner Rezepte zu halten. Wenn du möchtest, kannst du deiner Fantasie und Kreativität freien Lauf lassen und deine Speisen nach Lust und Laune zubereiten. Allerdings gibt es ein paar Grundsätze, an die du dich in dieser Zeit halten solltest:

Während unserem Frischekick verzichten wir konsequent auf folgende Dinge:

- Zucker
- Gluten
- Fisch und Fleisch
- Koffein
- Alkohol
- Zusatz- und Konservierungsstoffe
- Fertiggerichte
- Mikrowellenerhitzung

Außerdem ist unsere Ernährung in dieser Zeit salzarm, dafür aber reich an frischem Obst und Gemüse, an Nüssen, Sprossen, glutenfreiem Getreide, Wasser, Smoothies und Tee.

Du solltest drei Hauptmahlzeiten und nicht mehr als zwei Zwischenmahlzeiten bzw. Snacks pro Tag essen. Wenn es dir möglich ist, nimm die letzte Mahlzeit spätestens um 18 Uhr zu dir, um deinem Verdauungstrakt vor und während der Nacht die nötige Ruhe zu gönnen.

Nimm dir die Zeit und gönne deinem Körper eine kleine Reinigungskur.

# Rezepte für den Frischkick

## FRÜHSTÜCK

### TROPICAL SMOOTHIE

Dauer: 10 Minuten
Portionsgröße: 1

**Zutaten**
1 Tasse Wasser
1 Tasse Grünkohl oder Mangold
1 geschälte Orange
½ Ananas
½ Mango

**Zubereitung**
Alle Zutaten in einen Standmixer geben oder mit dem Pürierstab sehr fein pürieren.

## SNACKS

Walnüsse oder Mandeln, Apfel in Scheiben geschnitten und mit Mandelmus bestrichen

TAG
-1-

## MITTAGSESSEN

### HIRSE-RISOTTO

Dauer: 40 Minuten
Portionsgröße: 2

**Zutaten**
80 g Hirse
300 ml Gemüsebrühe
2 kleine Paprika
1 Zucchini
1 Zwiebel
2 EL Tomatenmark
2 TL Pesto nach Wahl
50 ml Hafersahne
Meersalz

**Zubereitung**
Koche die Hirse in der Brühe auf und lasse sie 10 Minuten bei niedriger Temperatur köcheln. In der Zwischenzeit Gemüse klein schneiden und zur Hirse dazugeben. Das Risotto 20 Minuten köcheln lassen und gelegentlich umrühren. Wenn es nötig ist, gib etwas Wasser hinzu. Zum Schluss Tomatenmark, Pesto und Hafersahne unterrühren und das Risotto mit Meersalz abschmecken.

## ABENDESSEN

### SALAT-WRAPS

Dauer: 30 Minuten
Portionsgröße: 2

**Zutaten**
**Für den Hummus**
250 g Kichererbsen aus dem Glas, abgetropft
4 EL Sesampaste (Tahin)
½ TL Kreuzkümmel
2 ½ TL süßes Paprikapulver
1 Knoblauchzehe
6 EL Olivenöl
Saft von 2 Zitronen
1 TL Salz

**Für die Wraps**
8 große Salatblätter
1 Salatgurke
1 Karotte
1 Zucchini
1 Paprika
1 Avocado
1 Packung Räuchertofu
8 EL Hummus
Salz
Pfeffer

**Zubereitung**
Für den Hummus die Kichererbsen mit den anderen Zutaten in einem Mixer zu einer sämigen Masse vermengen. Bei Bedarf etwas Wasser zugeben. Für die Wraps den Salat und das Gemüse waschen. Die Salatblätter jeweils mit 1 EL Hummus bestreichen und Salz und Pfeffer darüberstreuen. Karotte schälen, Paprika putzen, Avocado schälen und entkernen. Gemüse und Tofu in dünne Streifen schneiden, auf den Blättern verteilen und diese zum Schluss zu Wraps zusammenrollen.

# FRÜHSTÜCK

## VERY BERRY SMOOTHIE

Dauer: 10 Minuten
Portionsgröße: 1

**Zutaten**
1 Tasse Wasser
1 Tasse Spinat
1 Tasse Blaubeeren (frisch oder TK)
200 ml Pflanzenmilch
1 EL Mandelmus
1 EL Leinsamen

**Zubereitung**
Alle Zutaten in einen Standmixer geben oder mit dem Pürierstab sehr fein pürieren.

# SNACKS

Königsdatteln entkernt und mit Mandelmus gefüllt

TAG -2-

# MITTAGSESSEN

## SÜSSKARTOFFEL-BUDDHA-BOWL

Dauer: 20 Minuten
Portionsgröße: 2

**Zutaten**
**Für die Bowl**
1 große Süßkartoffel
100 g Quinoa
2 Karotten
150 g Rucola
1 Avocado
2 TL Kokosöl
1 EL Olivenöl
1 TL Kreuzkümmel
½ TL Chilipulver
Salz, Pfeffer

**Für das Dressing**
100 g Sojajoghurt
30 g Sesampaste (Tahin)
1 EL Zitronensaft
1 Prise Chiliflocken
1 EL Sesamsamen
Salz

**Zubereitung**
Süßkartoffel schälen und in 1 cm dicke Scheiben schneiden, mit Kokosöl einreiben, salzen, pfeffern, mit Kreuzkümmel und Chilipulver bestreuen und auf einem mit Backpapier ausgelegten Backblech im vorgeheizten Backofen bei 200 °C 30 Minuten backen. Quinoa in 400 ml Wasser abgedeckt 12 Minuten köcheln lassen, vom Herd nehmen und 10 Minuten quellen lassen. Olivenöl dazugeben und mit Salz abschmecken.
In der Zwischenzeit Karotten schälen und fein raspeln, Rucola waschen, Avocado entkernen und in Stücke teilen und das Dressing anrühren. Alles in einer Bowl anrichten.

# ABENDESSEN

## APFEL-ROTKOHL-SALAT

Dauer: 20 Minuten
Portionsgröße: 2

**Zutaten**
300 g Rotkohl
1 Apfel
3 Karotten
Saft von 1 Zitrone

**Für das Dressing**
4 EL Sojajoghurt
2 EL Walnussöl
1 TL Senf
½ TL Ahornsirup
1 EL Leinsamen
Salz
Pfeffer

**Zubereitung**
Den Rotkohl und den Apfel in sehr dünne Streifen schneiden, die Karotten schälen und klein raspeln. Den Apfel mit dem Zitronensaft beträufeln. Alles in eine Schüssel geben, das Dressing mischen und über dem Salat verteilen. Schmeckt am besten, wenn der Salat eine halbe Stunde im Kühlschrank durchzieht.

### TIPP

Buddha Bowls werden appetitlich in runden Schüsseln serviert. Fülle zwei Schüsseln, indem du die Zutaten nach deinen Vorstellungen einzeln darin anordnest und das Dressing darüber verteilst.

# FRÜHSTÜCK

## EARTH AND SKY SMOOTHIE

Dauer: 10 Minuten
Portionsgröße: 1

**Zutaten**
1 Tasse Wasser
1 Tasse Spinat
1 geschälte Orange
1 Tasse Erdbeeren (frisch oder TK)
1 Banane

**Zubereitung**
Alle Zutaten in einen Standmixer geben oder mit dem Pürierstab sehr fein pürieren.

# SNACKS

**Geröstete Kichererbsen**
Dazu 1 Glas Kichererbsen abspülen und mit 1 EL Olivenöl vermengen. Im vorgeheizten Backofen bei 200 °C ca. 40 Minuten rösten und dabei alle 10 Minuten wenden. Wenn sie kross sind, mit 1 EL Salz und 2 TL Currypulver mischen.

TAG -3-

# MITTAGSESSEN

## BACKOFENGEMÜSE

Dauer: 50 Minuten
Portionsgröße: 2–4

**Zutaten**
1 Süßkartoffel
3 mittelgroße Karotten
1 Stange Lauch
3 Knollen Rote Bete
½ Hokkaido-Kürbis
1 Zucchini
1 Zwiebel
Olivenöl
getrocknete Kräuter
Meersalz

**Für den Dip**
150 ml Mandelmus
1 TL Senf
1 Knoblauchzehe
Meersalz und Pfeffer

**Zubereitung**
Backofen auf 200 °C Ober- und Unterhitze vorheizen. Gemüse waschen und putzen. Süßkartoffel, Karotten, Rote Beten und Zwiebel schälen. Sämtliches Gemüse in mundgerechte Stücke, den Kürbis in Spalten schneiden. Auf ein mit Backpapier ausgelegtes Backblech verteilen, mit Olivenöl beträufeln, mit Kräutern verfeinern und salzen. Im Ofen auf der mittleren Schiene 30–40 Minuten backen.
Für den Dip Mandelmus und Senf mischen, Knoblauchzehe sehr fein hacken und dazugeben. So viel Wasser hinzufügen, dass der Dip eine cremige, nicht zu flüssige Konsistenz erhält. Mit Salz und Pfeffer abschmecken.

# ABENDESSEN

## ORIENTALISCHER LINSENSALAT

Dauer: 30 Minuten + Einweich- und Kochzeit für die Linsen
Portionsgröße: 2

**Zutaten**
150 g braune Linsen
200 g Tomaten
½ Salatgurke
1 rote Zwiebel
2 Knoblauchzehen
2 Stängel frische Pfefferminze
4 Stängel glatte Petersilie
3 EL Zitronensaft
3 EL Olivenöl
1 TL Ras el Hanout
1 TL süßes Paprikapulver
½ TL Chilipulver
Salz und Pfeffer

**Zubereitung**
Zur besseren Verträglichkeit die Linsen über Nacht in der dreifachen Menge Wasser einweichen. Nach dem Einweichen die Linsen gut abspülen und in einem Topf mit Wasser bedecken. Aufkochen lassen, dann Hitze reduzieren und Linsen 25–40 Minuten bei mittlerer Hitze fertig garen. Die Linsen sollten nicht anbrennen, bei Bedarf etwas Wasser nachfüllen. Gemüse und Kräuter waschen. Tomaten klein schneiden, Salatgurke schälen, entkernen und in Scheiben schneiden, Zwiebel und Knoblauch schälen und fein würfeln. Kräuter fein hacken. Zitronensaft, Öl und Gewürze vermengen, mit Salz und Pfeffer abschmecken. Das Dressing erst unter die fertigen Linsen heben, dann restliche Zutaten dazugeben und alles miteinander vermengen.

# Detox-Wasser

Es ist sehr wichtig, dass du während des Frischekicks jeden Tag mindestens zwei, am besten sogar drei Liter stilles Wasser, Kräutertee oder selbst angesetztes Detox-Wasser trinkst. Dadurch unterstützt du den Entgiftungsprozess und hilfst deinem Körper, Schadstoffe auszuscheiden.

Du trinkst lieber etwas mit Geschmack? Detox-Wasser ist die ideale Alternative zu gezuckerten Säften, Limonade und Co. Es versorgt uns mit Vitaminen, schmeckt gut, kurbelt die Fettverbrennung an und ist auch noch hübsch anzusehen. Da Kohlensäure stark säurebildend wirkt verzichten wir während des Frischekicks auf sprudelnde Getränke. Verfeinere einen Krug stilles Wasser ganz nach Geschmack mit Obst, Gemüse und Kräutern. Wenn du magst, kannst du auch Eiswürfel dazugeben.

## SOMMERTRAUM

**Zutaten**

1 l Wasser
1 Zweig Rosmarin
350 g Wassermelone

**Zubereitung**

Fruchtfleisch der Melone von der Schale trennen und in große Würfel schneiden, den Rosmarinzweig etwas in den Händen reiben und andrücken. Alles in den Wasserkrug geben.

## BEERENZITRUS

**Zutaten**

1 l Wasser
200 g Himbeeren
1 unbehandelte Zitrone
½ unbehandelte Limette

**Zubereitung**

Zitrone und Limette in Scheiben schneiden und mit den Himbeeren ins Wasser geben.

## GURKE-INGWER-FUSION

**Zutaten**

1 l Wasser
½ Gurke
1 daumengroßes Stück Ingwer

**Zubereitung**

Gurke in Scheiben schneiden, Ingwer schälen und ebenfalls in Scheiben schneiden. Beides ins Wasser geben.

# Push the Detox

Mit den folgenden Methoden kannst du deinen Körper zusätzlich bei der Ausscheidung von Giftstoffen unterstützen.

## NASENSPÜLUNG

Die Nasenspülung ist eine alte Reinigungstechnik aus Indien. Sie befreit unsere Nasennebenhöhlen und unsere Nase von Verschmutzungen und verhilft somit zu einem freien Atem.

**Material** Du benötigst ein Neti-Kännchen aus dem Yoga-Bedarf oder eine Nasendusche aus dem Drogeriemarkt. Dort gibt es ebenfalls fertiges Salz, welches du nur noch in handwarmem Wasser aufzulösen brauchst.

**Kochsalzlösung selbst herstellen** Um eine isotonische Kochsalzlösung herzustellen, löse ½ TL Meersalz in 250 ml lauwarmem Wasser auf. Die Salzkonzentration entspricht in etwa der unseres Blutes. Dank dieser Konzentration brennt das Wasser bei der Durchführung überhaupt nicht in der Nase, wie man es vielleicht vom versehentlichen Einatmen von Meerwasser kennt.

**Durchführung** Die Kanne wird mit der lauwarmen Salzlösung gefüllt und an ein Nasenloch angesetzt. Den Kopf schräg nach hinten legen, damit die Flüssigkeit ins Nasenloch hineinläuft. Die Kanne evtl. etwas anheben, sodass die Flüssigkeit die Nasen- und Stirnnebenhöhle durchfließt und aus dem anderen Nasenloch wieder hinausläuft. Dabei ruhig und entspannt durch den offenen Mund atmen. Nicht auf die Nasendusche drücken, falls es nicht sofort von alleine klappt. Lieber etwas Geduld walten lassen, bis die Salzlösung durchläuft. Nach der Hälfte kurz pausieren, bei Bedarf die Nase schnäuzen, und das Ganze noch einmal mit dem anderen Nasenloch wiederholen.

**Nicht zu empfehlen bei** akuter Nasennebenhöhlen-Entzündung und Nasenbluten.

## TROCKENBÜRSTEN

Unsere Haut ist mit einer Gesamtoberfläche von ca. zwei Quadratmetern unser größtes und auch empfindlichstes Organ. Außer über Darm und Lunge scheiden wir auch über die Haut einen großen Teil an Giftstoffen aus. Deshalb ist es sehr belebend und unterstützt die Entschlackung und Vitalität unserer Haut, diese mit einer Trockenbürste zu behandeln. Poren öffnen sich, eine bessere Durchblutung setzt ein und alte abgestorbene Hautschuppen werden entfernt. Zurück bleibt ein rosiger, gut durchbluteter Teint.

**Material** Eine Trockenbürste, zum Beispiel aus dem Drogeriemarkt, evtl. noch eine kleinere weichere Bürste fürs Gesicht

**Durchführung** Gebürstet wird immer am Morgen, und zwar in Richtung des Herzens. Am rechten Fuß beginnend mit der Bürste kreisende Bewegungen oder gleichmäßig durchgehende Striche ziehen. Erst die unteren Extremitäten (inkl. Fußsohlen) bürsten, dann Po, Bauch und unteren Rücken. Die Arme von den Händen an beginnend bearbeiten, dann Brust und oberen Rücken. Zum Schluss – falls gewünscht – auch den Kopf bürsten. Achte dabei an besonders empfindlichen Stellen wie dem Dekolleté oder dem Gesicht darauf, mit weniger Druck zu arbeiten. Danach kannst du unter die Dusche springen oder mit anderer gewohnter Morgenroutine fortfahren.

**Nicht zu empfehlen bei** Neurasthenie, Krampfadern, Schilddrüsenerkrankungen, Gefäßentzündungen, sehr empfindlicher Haut, Hauterkrankungen.

### TIPP

Achte beim Kauf der Bürste darauf, dass sie Naturborsten besitzt. Synthetische Borsten würden die Haut zu sehr reizen. Wenn du nicht sehr gelenkig bist, kaufe eine Bürste mit langem Griff.

## ISHNAAN – KALT DUSCHEN

Diese Massage unter kaltem Wasser stammt aus dem Kundalini-Yoga und hat einen sehr belebenden Effekt. Durch die Kälte öffnen sich unsere Kapillaren, das Blut zirkuliert und strömt besonders kräftig, und unsere Organe und unser Drüsensystem werden durchspült und aktiviert.

**Material** Körperöl, zum Beispiel Mandel- oder Jojobaöl

**Durchführung** Öle deinen Körper vor der Dusche ein. Dann beginnst du, deine Arme und Beine an Händen bzw. Füßen beginnend mit möglichst kaltem Wasser abzubrausen, dabei die bestrahlte Körperpartie kräftig reiben und massieren. Danach auch den Körperstamm – also Bauch, Po, Brust und Rücken – bearbeiten. Kopf, Genitalien und Oberschenkel solltest du auslassen. Trockne deinen Körper danach gut ab und hülle dich in einen schönen Bademantel oder ein großes Badetuch.

**Nicht zu empfehlen bei** Schwangerschaft, Menstruation, Herz- und Blutdruckproblemen, Rheuma, Fieber.

Beginne beim Kalt-Duschen immer an den Füßen, denn das aktiviert den ganzen Körper.

## BASENBÄDER

Durch unsere Ernährung und den alltäglichen Stress sind wir in der Regel übersäuert. Unser Körper versucht, diese Säuren zum Teil über die Haut abzugeben. Durch das Baden in einem basischen Milieu erleichtern wir unserer Haut diese Aufgabe, da die Säuren ins Badewasser „gezogen“ werden. Es gibt fertige Basenbadezusätze zu kaufen, aber natürlich kann man diese auch selbst herstellen.

**Material** 500 g Meersalz, 250 g Natron

**Durchführung** Die Salzmischung in mindestens 38 °C warmes Badewasser geben und darin auflösen. Das Vollbad sollte mindestens 30–60 Minuten lang dauern, du kannst sogar gerne länger im Wasser verweilen, da die Haut durch die Basenzusätze besser vor Austrocknung geschützt ist als in herkömmlichem Badewasser. Also nimm ein gutes Buch mit in die Wanne.
Eine Alternative, falls du nicht gerne badest oder keine Wanne zur Verfügung hast, stellt ein Basenfußbad dar. Dazu einfach eine hohe Schüssel oder einen Eimer mit 38 °C warmem Wasser füllen, Badezusatz hinzugeben und die Füße hineinstellen.

Basenbäder solltest du eher in den Abendstunden genießen, denn es wird im Anschluss daran eine Nachruhe empfohlen. Auf eine Stunde Baden sollte mindestens eine Stunde Ruhe folgen.

**Nicht zu empfehlen bei** schweren Herzerkrankungen, offenen Wunden, Alkalose.

TIPP

Achte darauf, dass du dich mindestens eine Stunde vor dem Bad abschminkst und mehrere Stunden danach auch keine Körperpflegeprodukte verwendest. Die meist sauren Kosmetikprodukte würden den Effekt des Bades vermindern.

## SCHAFGARBEN-LEBERWICKEL

Unsere Leber zählt neben Nieren und Darm zu den drei großen Entgiftungsorganen. Sie synthetisiert, filtert und entgiftet unaufhörlich und leistet uns einen großen Dienst. Um sie zu unterstützen, können wir mittags nach dem Essen einen Scharfgarben-Leberwickel anwenden.

**Material** Ca. 6 EL trockener Schafgarbentee, ½ l Wasser, eine größere Schüssel, ein Baumwolltuch, ein Handtuch, eine Wärmflasche

**Durchführung** Übergieße den Schafgarbentee mit einem halben Liter kochendem Wasser und lasse ihn ca. sieben Minuten ziehen. In dieser Zeit bereite dir eine Wärmflasche zu und richte dir schon einmal ein gemütliches Plätzchen im Bett oder auf der Couch ein.

Gieße den abgeseihten Tee durch ein in einer Schüssel liegendes Baumwolltuch, wringe dieses dann gut aus, um es über der Leber auf die Haut zu legen. Das kräftige Auswringen ist sehr wichtig, damit du dich nicht verbrühst. Wenn du alleine bist, lege das Tuch am besten um einen Wasserhahn, sodass du beide Enden fassen und miteinander verdrillen kannst. Zu zweit fasst jeder ein Ende des Tuches, und beide drehen das Tuch dann gegeneinander.

Das Baumwolltuch deckst du nun mit einem Handtuch gut ab und legst zusätzlich deine Wärmflasche darauf. Nun solltest du eine halbe Stunde warm eingepackt im Bett liegen und ruhen. Auch nach dem Abnehmen der Baumwollkompresse ist noch eine halbe Stunde Nachruhen angesagt.

TIPP

Nutze die Zeit doch doppelt für dich und lies währenddessen ein Buch, höre ein Hörspiel oder entspanne die Augen mit ein paar gekühlten Gurkenscheiben.

**Nicht zu empfehlen bei** Überempfindlichkeit oder Kontaktallergie gegen Schafgarbe.

# Dein Körper will bewegt werden

Unser Körper giert nicht nur danach, gesund und ausgewogen ernährt zu werden. Auch Bewegung spielt für unser Wohlbefinden eine große Rolle. Unser heutiges Leben kann man in diesem Punkt nicht gerade als „artgerecht“ bezeichnen. Noch vor 70 Jahren hatten wir unterm Strich viel mehr Bewegung als heute – sei es im Haushalt, beim Handwerken oder beim Arbeiten auf dem eigenen Hof, auf dem Feld oder im Geschäft.

Wir legten weite Strecken ohne Auto, Bus oder Bahn zurück und übten mehr körperliche Betätigungen aus. Im Gegensatz zu heute war Bewegung tägliche Routine. Und blicken wir auf unsere Geschichte zurück, so gingen unsere Ururahnen noch als Jäger und Sammler durchs Leben.

Doch heute verbringen die meisten von uns ihre Zeit überwiegend sitzend. Nicht nur unser Körper, auch unsere kognitiven Fähigkeiten leiden darunter. Unsere Muskeln erschlaffen und verkürzen sich, Konzentrations- und Merkfähigkeit leiden. Dabei essen wir insgesamt dank des vielfältigen und reichhaltigen Nahrungsangebots mehr als früher, noch dazu viel mehr Getreide, Stärke und Zucker – und das bei minimaler Bewegung. Dass dies für unseren Körper nicht gut sein kann, liegt auf der Hand. Nicht selten lesen wir in letzter Zeit, Sitzen sei das neue Rauchen.

## BEWEGUNG TUT GUT

Und wie können wir aus dieser Misere herauskommen? Unseren Bürojob kündigen und ein Selbstversorgerleben im Schrebergarten anstreben? Gute Vorsätze scheitern oft daran, dass wir sie zu hoch hängen. Wir nehmen uns vor, jeden Tag laufen zu gehen oder fünfmal in der Woche Yoga zu machen. Doch bei den meisten wird dieser Plan nicht aufgehen, denn um aus einem Couch-Potato einen aktiven Sportler zu machen, braucht es mehr als nur hohe Ziele. Und das ist auch gar nicht nötig, denn schon mit kleinen Schritten können wir unserem Körper etwas Gutes tun. Es hilft schon, einfach mehr Bewegung in unseren Alltag einzubauen.

## TIPPS & TRICKS FÜR MEHR BEWEGUNG

**15-Minuten-Regel** Alles, was du in 15 Minuten zu Fuß erreichen kannst, erledige auch zu Fuß. Lass das Auto stehen.

**Dem Schweinehund ein Schnippchen schlagen** Zu faul, um dich vor oder nach der Arbeit zu einer Bewegungseinheit aufzuraffen? Bau mehr Bewegung in deinen Alltag ein! Statt Lift oder Rolltreppe benutze die Treppe. Arbeitest du in einem Job, in dem Praktikanten schon einmal lästige Lauftätigkeiten (kopieren, Labor wegbringen etc.) erledigen, mache es selbst. Parke nicht direkt vor der Arbeitsstelle, sondern mit Absicht etwas weiter weg, oder steige eine Haltestelle früher aus und gehe den Rest zu Fuß.

**Aktive Pause** Anstatt in der Pause auf einem Stuhl zusammenzusacken, gehe eine Runde um den Block.

**Schritte zählen** Besorge dir einen Schrittzähler oder eine entsprechende Handy-App. Laut Weltgesundheitsorganisation sollten wir mindestens 10.000 Schritte am Tag laufen. Versuche, dieses Ziel jeden Tag zu erreichen. Wahrscheinlich wirst du erfinderisch werden und auf viele Möglichkeiten stoßen, um die 10.000 Schritte voll zu machen.

**Teamgeist** Verabrede dich mit Freunden oder Kollegen zu mehr Bewegung. Geht zusammen zum Sport, oder haltet euch gegenseitig über eure Erfolge auf dem Laufenden. Jedes Jahr gibt es tolle Aktionen wie „Mit dem Rad zur Arbeit" oder den Gehwettbewerb „TappaLauf". Hier können sich Firmenteams anmelden und gemeinsam zu mehr Bewegung finden. Mit seinem Team an einem Strang zu ziehen oder in spielerische Konkurrenz mit anderen zu treten, kann eine große Motivationshilfe sein.

**Morgen- oder Abendtyp** Finde heraus, ob du eher ein Morgen- oder ein Abendtyp bist. Manchen Menschen fällt es leicht, morgens aus dem Bett zu kommen und Sport zu machen. Es ist ein tolles Gefühl, schon frisch und gestärkt in den Tag zu starten und das Thema „Sport und Bewegung" schon aus dem Kopf zu haben. Andere sind eher Morgenmuffel und haben nachmittags oder abends mehr Energie. Sie powern sich gerne nach einem vollen Tag noch einmal aus, um dann in Ruhe in die Nacht zu gehen.

**Entdecke deine Leidenschaft** Gibt es eine Bewegungsform oder Sportart, die du gerne machst? Vielleicht sagst du, Sport ist überhaupt nichts für dich. Aber es gibt da draußen so viel mehr als nur Joggen, Schwimmen oder das, was wir im Sportunterricht in der Schule kennengelernt haben, zum Beispiel: Yoga – darunter Aerial-, Hot-, Flow-, Power-, Ashtanga-, Anusara- und Kundalini-Yoga, um nur einige wenige zu nennen –, Pilates, Poledance, Inlineskating, Fahrradfahren, Zumba, verschiedenste Tanzstile, Klettern oder Bouldern, Hula-Hooping, Trampolinspringen usw. Suche den für dich passenden Sport, probiere Neues aus. Fast überall gibt es günstige bis kostenlose Probestunden. Vielleicht findest du eine Freundin, die mitgeht. Nur wenn wir uns trauen, offen für Neues zu sein, können wir unserem Leben eine andere Richtung geben.

# Halte durch

## DIE BESTEN TIPPS, MIT DENEN DU ES SCHAFFST, DURCHZUHALTEN

▶ **Vermeide Hunger** Um Fehlschläge zu vermeiden, ist es von Vorteil, wenn du gut organisiert bist. Plane deine Mahlzeiten und sorge dafür, dass du die entsprechenden Zutaten im Haus hast. Bereite eventuell Frühstück und Co. am Abend vorher schon vor. Nimm dir dein Essen mit, wenn du unterwegs oder auf der Arbeit bist. Nichts ist schlimmer, als außer Haus zu sein und plötzlich Hunger zu bekommen.

▶ **Gönne dir Gesundes** Wenn dich die Lust auf Süßes oder Fast Food überfällt und übermächtig erscheint, kann es helfen, dir stattdessen etwas anderes Gesundes zu gönnen. Du kannst zum Beispiel ein Stück Obst essen oder einen zuckerfreien Rohkostkakao trinken. Mir hilft es auch, ein großes Glas Wasser zu trinken. Eine tolle Atemübung: Atme 5 Sekunden lang ein, halte den Atem 5 Sekunden lang an, und atme dann für 8 Sekunden aus. Wiederhole diese Übung so lange, bis die Gelüste wieder abgeklungen sind.

▶ **Bleibe standhaft** Jeder Rückfall macht es dir schwerer weiterzumachen. Du kannst sicher sein: Die Gelüste auf Süßigkeiten, Fertigprodukte und Co. lassen mit der Zeit nach. Wenn du allerdings zwischendurch wieder schlemmst, machst du es dir nur unnötig schwer und du ärgerst dich danach umso mehr, dass du schwach geworden bist.

▶ **Belohne dich fürs Durchhalten** Deine Ernährung umzustellen, kann sehr anstrengend und anfangs aufwühlend sein. Sei stolz auf deine Erfolge und belohne dich hin und wieder! Gönne dir ein heißes Bad oder eine Massage. Oder wie wär's mit einem Strauß Blumen?

# Mahlzeiten-Plan

| | Montag | Dienstag | Mittwoch | Donnerstag | Freitag | Samstag | Sonntag |
|---|---|---|---|---|---|---|---|
| Frühstück | | | | | | | |
| Snack | | | | | | | |
| Mittagessen | | | | | | | |
| Snack | | | | | | | |
| Abendessen | | | | | | | |

EINKAUFSLISTE

# DETOX YOUR *home*

Abschied nehmen * Badezimmer * Schlafzimmer * Wohnzimmer * Arbeitszimmer & Büro * Keller & Dachboden * Auto * Do's & Don'ts * Ideen für mehr Minimalismus im Leben * Sparsamer leben * Spartipps

# Detox your home

Wir leben in einer Welt des Überflusses. Ist es da nicht erstaunlich, wie unzufrieden und unglücklich man sich dennoch fühlen kann? Ich umgebe mich gerne mit schönen Dingen, und mir scheint, als fände ich ziemlich vieles schön. Im Laufe der Jahre haben sich in unserem Haus unglaublich viele Gegenstände angesammelt. Einmal dort, verlassen sie es nur selten wieder. Doch damit habe ich schon vor langer Zeit Schluss gemacht, denn ich habe für mich festgestellt, dass weniger oftmals mehr ist – auch wenn Werbung und

MINIMALISMUS BEDEUTET NICHT, WENIGER ZU HABEN, SONDERN MEHR PLATZ FÜR DAS ZU MACHEN, WAS WIRKLICH ZÄHLT

Wirtschaft uns weismachen wollen, dass Besitztümer uns glücklich machen. Denn was vielen nicht bewusst ist: Es gibt kein genug! Es ist immer Luft nach oben, es gibt immer etwas, das ich noch nicht habe oder das ich vermeintlich noch gebrauchen könnte.

Der Fehler liegt im System, denn schlussendlich finden wir unser Glück nicht im Außen, nicht in all den Dingen, die wir besitzen. Glück und Zufriedenheit können wir nicht kaufen, wir können sie nur in uns selbst finden. Sie sind kostenlos und unabhängig von unserem Besitz, ja, sogar von unserem Aufenthaltsort.

Besitz kann sogar das Gegenteil von Zufriedenheit und Glück bewirken. Anstelle eines Gefühls von Freiheit kann er uns einengen. Besitzen wir etwas, so neigen wir dazu, es beschützen zu wollen, wir haben vielleicht sogar Angst, jemand könnte es uns wegnehmen. Mancher Besitz lastet schwer auf unseren Schultern, er engt uns ein und nimmt uns Platz. Trotzdem glauben wir, uns nicht von ihm trennen zu können, denn schließlich hat es uns Zeit und Geld gekostet, ihn anzuhäufen. Doch ein Zuviel an Dingen kann uns blockieren und den Blick von dem ablenken, was wirklich wichtig ist. Wenn wir uns aus der Konsumspirale lösen, öffnen wir uns für das Gefühl von Freiheit.

In diesem Kapitel lassen wir einen frischen Wind durch unser Heim fegen. Er reißt alte, klebrige Energien mit sich, pustet durch jede noch so kleine Ecke und wirbelt Unrat und Ballast hinaus. Gleichzeitig schafft dieser frische Wind Raum für Neues, für neue Ideen, Gedanken und Pläne. Raum dafür, diese umzusetzen und anzugehen. Es geht darum, Klarheit zu gewinnen und Abschied von dem zu nehmen, was wir nicht mehr benötigen – und langfristig auch darum, unser Konsumverhalten zu verändern. Wenn du den Wunsch nach Klarheit hast, beginne, dich auf das Einfache zu reduzieren.

Minimalismus in der Wohnung ist wichtig, denn er befreit uns von einer unsichtbaren Last und lässt uns Raum zum Atmen.

# Abschied nehmen

Um Platz für Neues zu schaffen, ist es nötig, sich von Altem zu trennen. Manchen von uns fälltdas sehr leicht, andere hängen dagegen an ihrem Hab und Gut, das sich im Laufe ihres Lebens angesammelt hat. Doch es lohnt sich, die Erfahrung zu machen loszulassen. Mag der Abschied auch schwerfallen – das Gefühl, sich von altem Ballast zu befreien, ist dafür umso bereichernder.

Beim Konzept von „Detox your life" stellen wir uns nach und nach jedem einzelnen Raum in unserem Heim. Nimm dir dazu die Zeit, die du brauchst, aber versuche, dich festzulegen. Du kannst zum Beispiel pro Zimmer eine Woche Zeit einplanen oder zwei. Achte darauf, die Zeiträume nicht zu lang werden zu lassen. Denn das birgt die Gefahr, dass Zimmer längst wieder unordentlich aussehen und mit neuem Schnickschnack bestückt sind, noch ehe du mit dem Entrümpeln fertig bist.

Es steht dir frei, ob du dich an die vorgeschlagene Reihenfolge in diesem Buch hältst oder lieber mit anderen Räumen beginnst. Nur du weißt, wie es bei dir zu Hause aussieht, in welchen Zimmern sich besonders viel angesammelt hat oder wo sich die meisten Dinge finden, von denen du dich nur schwer trennen kannst.

Hast du dich erst einmal für ein Zimmer entschieden, so nimm dir nach und nach jedes Regal oder jeden Schrank darin vor. Räume das entsprechende Möbelstück zuerst ganz leer. Alles, was sich darin befindet, stapelst du in der Nähe. So schaffst du Platz und kannst das Möbelstück auch gleich noch reinigen – auswischen, polieren, absaugen –, bevor du die Dinge, die du behalten möchtest, wieder einsortierst. Nimm jedes noch so kleine Stück in die Hand und überlege, ob du es noch benutzen oder gebrauchen kannst. Wenn nicht, wandert es entweder sofort in den Müll (es kann helfen, direkt einen Mülleimer neben sich stehen zu haben) oder es kommt auf den „Weitergabe"-Stapel. Die Dinge, die sich hier wiederfinden, werden im Anschluss verschenkt, gespendet oder verkauft. Diese Vorgehensweise ist ziemlich effektiv. Stelle sicher, aussortierte Sachen nicht vorübergehend wegzuräumen, sondern sie wirklich aus dem Haus zu schaffen. Wenn du die Dinge nur von A nach B bringst oder sie erst einmal in irgendeine Schublade oder in ein Schrankfach steckst, ist das Risiko hoch, dass sie dort liegen bleiben.

## SEI EHRLICH ZU DIR SELBST

Falls du dir nicht sicher bist, ob du einen Gegenstand behalten möchtest oder nicht, stelle dir folgende Fragen:

- War ich mir bis zu diesem Moment darüber bewusst, dass ich noch im Besitz dieses Gegenstandes bin?
- Habe ich diesen Gegenstand innerhalb des letzten Jahres gebraucht oder benutzt?
- Ist der Gegenstand in einem guten, funktionstüchtigen Zustand?
- Gibt mir der Gegenstand ein gutes Gefühl, wenn ich ihn in die Hände nehme? Erfreue ich mich an seinem Anblick, seiner Funktion, daran, dass ich ihn besitze?

Wenn du auch nur eine dieser Fragen mit „Nein“ beantworten kannst, ist es ratsam, sich von diesem Gegenstand zu trennen.

### DIE TRENNUNGS-BOX

Beim Entrümpeln geht es darum, sich von Unnötigem zu trennen. Aber es gibt diese Dinge, bei denen du es einfach nicht über das Herz bringst, sie wegzugeben, obwohl du sie nicht mehr brauchst. Ein Trick ist die „Trennungs-Box“. In diese wandern alle Sachen, von denen du dich momentan nicht lösen kannst, obwohl sie keinen Zweck mehr erfüllen. Diese Box verstaust du für ein halbes Jahr. Notiere dir in deinem Kalender, wann diese Zeit vorüber ist, damit die Box nicht in Vergessenheit gerät. In diesem halben Jahr kannst du oft darüber schlafen, ob du den Inhalt wirklich noch behalten möchtest. Hole die Box nach sechs Monaten wieder hervor und sortiere erneut. Wahrscheinlich wirst du feststellen, dass du an manche Dinge im letzten halben Jahr nicht einmal einen Gedanken verschwendet hast.

# Badezimmer

Es gibt einige gute Gründe, die dafür sprechen, mit dem Badezimmer anzufangen. Zum einen ist das Bad bei den meisten von uns ein vergleichsweise kleiner Raum und somit überschaubar, zum anderen befinden sich im Badezimmer erfahrungsgemäß nur wenige Gegenstände, denen wir einen sentimentalen Wert beimessen. Unsere Emotionen sind einer der Hauptfaktoren, die es uns erschweren, „goodbye" zu etwas zu sagen. Der Karton voller Fotos und Erinnerungen, der Teddybär, den unser Partner beim ersten Date auf der Kirmes für uns gewonnen hat, oder die verstaubte Katzenfigur, die schon unserer Oma gehörte – solche Dinge finden sich überall im Haus oder in der Wohnung, aber nur selten im Badezimmer.

Krempeln wir also die Arme hoch, betreten unser Bad und machen eine Bestandsaufnahme. Was tummelt sich hier in und auf unseren Schränken und Regalen oder auf dem Rand der Badewanne? Auch hier gilt – wie für alle Räume – das Vorgehen: Suche dir ein Regal, einen Schrank oder einen anderen Platz im Bad aus und räume alles komplett aus oder frei. Reinige die Fläche und beginne dann, alle Gegenstände durchzusehen, auszusortieren und – falls du sie behalten möchtest – wieder an ihren Ort zu stellen.

## BADEZIMMER-REINIGER SELBER MACHEN

Ein Reinigungsmittel fürs Badezimmer lässt sich ganz leicht selbst herstellen. Du brauchst dafür eine 500-ml-Sprühflasche und außerdem:

- 250 ml Geschirrspülmittel
- 250 ml Essig
- 10 Tropfen ätherisches Öl nach Wahl, z. B. Zitrone

Einfach Geschirrspülmittel, Essig und ätherisches Öl in die Sprühflasche füllen und mischen, dann auf die betroffenen Flächen aufsprühen und wie gewohnt putzen.

## VERFALLSDATUM

Auch Kosmetika haben ein Verfallsdatum, egal, ob dekorative Kosmetik oder Pflegeprodukte. Manchmal erkennt man schon auf einen Blick, dass ein Kosmetikartikel zu alt ist, etwa wenn sich Farbe oder Geruch ändern oder sich Wasser und Öl trennen. Pinsel und Schwämme für Make-up und Co. sollten regelmäßig gereinigt oder ausgewechselt werden, Badeschwämme auf Schimmel hin geprüft und ggf. entsorgt werden. Lipgloss, der bei Herpesausbruch benutzt wurde, oder Wimperntusche, die du während einer Bindehautentzündung aufgetragen hast, solltest du wegschmeißen. Hier eine Liste, wie lang angebrochene Kosmetika ungefähr haltbar sind:

- Augencreme: ca. 4 Monate
- Hand-, Fuß- und Gesichtscreme: 3 Monate–2 Jahre (Fluids und Gele auf Wasserbasis sind anfälliger für Keime; auf den Cremetiegeln findet sich meist ein Tiegelsymbol, in dem eine Zahl steht; diese gibt an, wie viele Monate das Produkt nach Öffnung haltbar ist)
- Bodylotion: 1 Jahr
- Duschgel und Badezusätze: 6 Monate
- Mascara: ca. 3–6 Monate
- Kajal: kein Verfallsdatum
- Flüssiger Eyeliner: 8 Monate
- Lidschatten: 2 Jahre
- Maske: 1 Jahr
- Foundation: 1 Jahr
- Nagellack: 1 Jahr
- Parfum: auf Duft achten – offiziell geht man von ca. 2 Jahren aus
- Gesichtsreinigung: 2–3 Jahre
- Lippenstift und Lipgloss: 2–3 Jahre
- Puder: 2–5 Jahre
- Deodorant: bis zum Austrocknen

## AUS DER MODE GEKOMMEN

Im Badezimmer findet sich gerne, was ich „Kosmetik-Leichen“ nenne. Da ist dieses weiße Make-up, Foundation aus Gothic-Tagen – könnte ja auf einer Party noch mal von Wert sein. Oder der türkisfarbene Nagellack, der im Sommer so nach Strand und Sonne aussah, und diese Lidschattenpalette mit Grüntönen, die ich mir in einer experimentellen Phase gekauft habe.

Frage dich bei den Produkten, die durch deine Hände wandern, ehrlich: Werde ich das wirklich noch einmal benutzen? Kann ich darauf nicht verzichten? Hängt mein Herz daran? Oder behalte ich das Produkt nur, weil es doch noch kaum benutzt ist oder teuer war? Ich habe einen kleinen Every-Day-Beutel mit dekorativer Kosmetik, die ich häufig benutze. Dort sind meine Basics zu finden wie schwarze Wimperntusche, schwarzer Kajal, einige braune Lidschatten, Eyeliner und Rouge. Dann gibt es da noch ein Körbchen, in dem ich Schminke aufbewahre, die ich nur selten benutze. Entsorge radikal alles, was du nie aufträgst oder vielleicht nur einmal im Jahr.

## UMFÜLLEN

Eine schöne Idee, um für Ordnung zu sorgen und gleichzeitig etwas für Dekoration und Optik zu tun, ist das Umfüllen. Ob Duschgel, Shampoo oder Badezusatz – es sieht gleich viel hübscher und einheitlicher aus, diese Produkte in schöne Glasflaschen umzufüllen. Badeperlen und Kristalle machen sich gut in gläsernen Schalen und Töpfchen.

## KÖRBCHEN AN DIE MACHT

In unserem Badezimmer herrschte früher geradezu Chaos. Überall stand allerhand Kleinkram wie Cremetiegel, Bürsten, Fläschchen und Tuben herum. Nicht nur, dass mich dieser Umstand beim Staubwischen jedes Mal genervt hat, es sah auch einfach unordentlich aus. Doch dann bin ich auf Badezimmerkörbchen umgestiegen. Es gibt sie in den verschiedensten Größen, rund und eckig, gehäkelt, gestrickt, genäht oder geflochten, mit Stoff ausgekleidet oder nicht. Wer Freude am Selbermachen hat, kann sich sogar seine eigenen Badezimmerkörbchen häkeln, stricken oder nähen. Vor allem, wenn du in dei-

nem Badezimmer keine Schränke mit vielen Schubladen oder Fächern hast, schaffen Körbe zusätzlichen Platz und helfen, Ordnung entstehen zu lassen. Wenn mehrere Menschen in deinem Haushalt leben, kann sogar jeder seinen eigenen Korb haben. So hast du immer alles griffbereit und weißt, wo du suchen musst.

## SCHENKEN UND BESCHENKT WERDEN

Wenn du deine aussortierten Produkte nicht wegwerfen möchtest, aber auch nicht damit rechnest, dafür Geld zu bekommen, frag doch deine Freunde, ob sie Verwendung dafür haben. Vielleicht sucht jemand schon seit Langem nach einem Glätteisen oder hat Interesse an deinem Lidschatten, deiner Haarbürste oder deinem Rasierschaum.

Kennst du das Problem mit dem Beschenktwerden? Wenn Oma Erna dir wieder einmal so ein Päckchen mit Duschgel und Shampoo von einer Marke schenkt, die du überhaupt nicht riechen kannst? Kosmetika scheinen so eine Art nicht essbarer Süßigkeitenersatz zu sein. Wenn man nicht sicher ist, was man schenken könnte, dann greift man halt zu Duschgels, Bodylotions oder Badezusätzen. Sei ehrlich zu deinem Umfeld! Gewöhne dir an, Verwandten und Freunden zu sagen, was du gar nicht magst oder brauchst. Dein Gegenüber möchte doch, dass du dich über sein Geschenk freust. Für viele ist es hilfreich zu wissen, dass du in punkto Kosmetik nichts brauchst oder welche Produkte von welchen Marken du am liebsten magst. So vermeidest du auch für die Zukunft Ansammlungen ungenutzter Produkte im Bad.

## PRÖBCHEN

Vernichte Pröbchenlager. Behalte nur, was du auch wirklich ausprobieren möchtest, und überlege dir, wann du das tust. Platziere die Pröbchen so, dass du sie nicht vergisst. Denn: Was du aus den Augen verlierst, gerät leicht aus dem Sinn. Wenn du zum Beispiel noch einige Pröbchen mit Duschgel hast, dann nimm dir vor, diese in den nächsten Tagen aufzubrauchen oder sie auf deinen nächsten Wochenendtrip mitzunehmen.

# Schlafzimmer

Das Schlafzimmer ist der Raum, der bei den meisten von uns unsere Kleidung, vielleicht auch unsere Schuhe, mit Sicherheit jedoch unser Bett oder eine andere Schlafmöglichkeit beherbergt. Gerade bei alter getragener Kleidung, bei abgenutzten Schuhen und bei Bettwäsche und Handtüchern stellt sich schnell die Frage: Wohin mit dem Zeug?

## ALTKLEIDER AUSMISTEN

Alte Kleidung muss man nicht unbedingt gleich weggeben, denn vielleicht lässt sich noch etwas anderes Schönes oder Nützliches daraus machen. Eine tolle Möglichkeit der Umgestaltung bietet das sogenannte „Upcycling“: Dabei wird alte Kleidung zu neuen Sachen umgenäht. Ob online oder in einem der vielen Bücher, die es auf dem Markt gibt – dort kommst du schnell auf Ideen und findest Anleitungen, um etwa eine iPad-Hülle aus deiner alten Jeans oder einen Rock aus alten Shorts zu fertigen.

Wenn du nicht zu den „Kreativlingen“ gehörst oder manche Sachen einfach loswerden möchtest, bleiben noch einige andere Optionen.

Zum einen ist da natürlich der altbewährte Altkleidercontainer. Leider weiß man nicht immer, wo die gespendeten Sachen landen. Auf der Internetseite Fairwertung.de kannst du dich darüber informieren. Um sicherzugehen, dass Kleiderspenden an hilfsbedürftige Menschen weitergereicht werden – zum Beispiel an Flüchtlinge –, kann man seine Spende direkt beim Deutschen Roten Kreuz abgeben. Das Problem bei Altkleidercontainern ist, dass gut erhaltene Ware oft nach Afrika, Asien und Südamerika verkauft wird. Dort wird sie auf Flohmärkten angeboten und nicht unbedingt – wie erhofft – an arme Menschen weitergegeben. Dies trägt außerdem zur Schwächung der dort ansässigen Textilindustrie bei. Um sicherzustellen, dass deine Sachen nicht teuer nach Afrika oder sonst wohin weiterverkauft werden, kannst du sie auch zerschneiden. Zerschnittene Kleidung in den Container zu geben, dient dem Umweltschutz. Unbrauchbare Textilien werden von den Recyclingfirmen nahezu restlos verwertet. Die Aufschrift „Bitte nur tragbare Kleidung und Schuhe einwerfen“ irritiert vielleicht, aber laut Altkleidersammel-Verordnung müssen alle – auch unbrauchbare – Textilien verwertet werden.

Auch die Diakonie, Flüchtlingsheime, Justizvollzugsanstalten und manche Psychiatrie-Abteilungen nehmen Kleiderspenden an. Im Zweifel einfach anrufen und fragen, ob sie eine Kleiderkammer haben und Spenden entgegennehmen.

Auch viele Secondhandläden freuen sich über saisonale Kleidung. Bei einigen Läden wirst du am Gewinn beteiligt. Oxfam ist eine bekannte Organisation, die Kleiderspenden annimmt.

Flohmärkte und Kleidermärkte sind eine schöne Idee, um für unsere ablegten Kleidungsstücke noch etwas Geld zu bekommen. Wenn du dich nicht auf einen Trödelmarkt stellen möchtest, kannst du deine Kleidung natürlich auch online verkaufen. Neben eBay gibt es mittlerweile bekannte Seiten wie Kleiderkreisel.de oder Maedchenflohmarkt.de, wo du deine ausrangierten Klamotten online anbieten, sie tauschen oder verkaufen kannst.

## KLEIDERPARTY

Lade deine Freundinnen und Kolleginnen zu einer Kleiderparty ein. Du stellst ein paar Snacks und Getränke zur Verfügung, und alle bringen zu deiner Party Kleidung mit, die sie aussortiert haben und nicht mehr brauchen. In geselliger Stimmung mit guter Musik und nettem Plausch könnt ihr untereinander Kleidung tauschen und verschenken. Wenn du keine Lust hast, selbst eine Feier zu organisieren, suche im Internet nach offiziellen Swap-Partys in deiner näheren Umgebung.

## DER KLEIDERSCHRANK

Ich erinnere mich noch gut daran, als ich das erste Mal meinen Kleiderschrank entrümpelt habe. Ganz ehrlich, ich hätte es niemals für möglich gehalten, wie viel ich aussortieren kann. Schließlich stand ich jeden Morgen vor der Frage, was ich anziehen soll, nur um zu der Erkenntnis zu gelangen, dass ich nichts anzuziehen habe. Wie kann das sein? Der Kleiderschrank platzte regelrecht aus allen Nähten. Schlussendlich habe ich es geschafft, sieben (SIEBEN!!!) blaue Säcke vollzustopfen. Zugegeben, darunter ein paar alte T-Shirts von meinem Mann und vereinzelte Handtücher und Bettwäsche. Umso erschreckender fand ich es, ungefähr ein Jahr später noch einmal einen riesigen Stapel Kleidung aussortieren zu können und bei einem zweiten Durchgang drei Monate später noch einmal so viel. Das Interessante an der Sache: Seitdem ist das Gefühl, nichts zum Anziehen im Schrank zu haben, fast komplett verschwunden. Mein Schrank ist

### WENIGER KLEIDUNG IST MANCHMAL MEHR

immer noch sehr gut gefüllt, aber die Wäscheberge in den einzelnen Fächern sind überschaubar geworden. Ich sehe jetzt auf einen Blick, was zur Auswahl steht, und kann mich viel müheloser entscheiden.

Doch wie entrümpelt man seinen Kleiderschrank am besten? Zuallererst ist es vernünftig, dass wir uns die Stilfrage stellen. Ich bin nicht der Meinung, dass wir einen einzigen bestimmten Kleidungsstil haben sollten, was daran liegen mag, dass ich mich selbst nicht festlegen möchte. Du hast vielleicht Kleidung speziell für deinen Beruf, Dinge, die du gerne trägst, wenn du zu Hause einfach nur entspannen möchtest, und Outfits für elegante, für rockige oder für sportliche Gelegenheiten. Mein eigener Stil hängt von meiner Tagesstimmung ab.

Neben einem Haufen an Kleidern und Röcken im Boho- und Hippie-Stil finden sich auch eine Handvoll Shirts verschiedener Metal-Bands, nietenbesetzte Gürtel und schwarze Miniröcke sowie ein rosa Ballkleid mit floralem Print für besondere Anlässe.

Viel wichtiger, als sich auf einen einzigen Stil festzulegen, ist es herauszufinden, welche Kleidung man eigentlich gar nicht an sich mag. Es gibt vielleicht nicht nur einen Stil, der gut zu dir passt, aber es gibt definitiv viele Stile, mit denen du dich nicht wohlfühlst. Das sexy Cocktailkleid in knalligem Rot gefällt uns an unserer Freundin oder dem Model auf dem Werbeplakat vielleicht super gut, an uns selbst fühlt es sich jedoch nicht unbedingt stimmig an. Vielleicht ist es zu eng, du denkst bei jeder Bewegung daran, dass das Kleid einfach nichts kaschiert, hast ständig Sorge, der kurze Rock könne noch höher rutschen, und fühlst dich aufgrund der auffälligen Farbe unangenehm sichtbar. Oder dieses weiß-schwarz gestreifte Kleid mit der roten Schleife, das aussieht wie aus einem romantischen französischen Spielfilm, in dem du dir immer irgendwie verkleidet vorkommst.

**FINDE DEINEN STIL UND BLEIB DABEI**

Überlege dir auch, welche Farben du gerne trägst. Ich besitze zwar ein Kleid in Rosétönen für besondere Anlässe, trage aber hauptsächlich Kleidung in Naturtönen wie Braun, Schwarz, Dunkelrot oder Dunkelgrün. Du würdest bei mir nichts in Blau- und Türkistönen, Weiß oder gar Gelb- und Orangetönen finden. Auch wenn ich senfgelbe Herbstmode wunderschön finde, steht mir dieser Farbton einfach überhaupt nicht, weil er meine Haut blass und kränklich erscheinen lässt. Entscheide dich daher dafür, dich auf Farben im Kleiderschrank zu beschränken, die dir gut stehen und du wirklich an dir magst. Denn deine Kleidung sollte nicht nur gut aussehen, du solltest dich vor allem darin wohlfühlen. Idealerweise ist deine Kleidung wie deine zweite Haut, und du denkst während des Tragens überhaupt nicht darüber nach. Es geht beim Aussortieren deines Kleiderschranks also nicht nur um die Optik der einzelnen Kleidungsstücke, sondern auch um das Gefühl, das sie dir geben.

Nimm dir für das Durchstöbern und Ausmisten deines Kleiderschranks genug Zeit. Vielleicht hast du die Möglichkeit, diesem Vorhaben einen ganzen Tag zu widmen. Lass es dir dabei gut gehen, bereite dir zum Beispiel ein leckeres, sättigendes Frühstück zu, bevor du loslegst. Wenn es im Schlafzimmer – oder dem Raum, in dem dein Kleiderschrank steht – etwas düster ist, sorge für ausreichend Licht und Helligkeit. Deine Lieblingsmusik hilft dir, bei Laune zu bleiben, und erleichtert dir den Abschied von deiner Kleidung.

Lege los, indem du entweder Fach für Fach nacheinander leer räumst und aussortierst oder – wenn du Herausforderungen magst – direkt den kompletten Kleiderschrank leerst und alles auf einen Haufen gibst, den du der Reihe nach abarbeitest.

Sortiere aus, was dir nicht mehr passt oder gefällt, dir zu klein oder zu groß ist, ausgeleiert, kaputt, löchrig oder eingerissen ist. Bestimmt gibt es einiges, von dem zu trennen dir leichtfallen wird. Aber natürlich warten auch die Härtefälle auf dich.

Stelle dir bei allem, was du behalten möchtest, folgende Fragen:

- Habe ich dieses Kleidungsstück innerhalb der letzten zwölf Monate mindestens einmal angehabt? Nein? Dann ist die Wahrscheinlichkeit sehr gering, dass du es zukünftig öfter tragen wirst.
- Passt mir das Teil noch, oder ist es mir mittlerweile zu groß oder klein? Machen wir endlich Schluss mit den Klamotten, die im Schrank liegen nur für den Fall, dass wir irgendwann wieder reinpassen werden, wie mit der

Skinny Jeans, die uns zuletzt vor acht Jahren richtig gut gepasst hat.

- Entspricht der Rock, das Kleid, das Shirt oder was auch immer meinem Stil und passt es zu meiner übrigen Garderobe?
- Wie fühle ich mich, wenn ich dieses Kleidungsstück trage? Fühle ich mich darin wohl? Sicher? Attraktiv? Sexy? Geborgen? Oder sind meine Gefühle eher unangenehmer Art? Falls ja, dann weg damit.

Nimm dir die Zeit und ziehe jedes Kleidungsstück an, bei dem du dir nicht zu hundert Prozent sicher bist, ob du es behalten möchtest, und dazu tendierst, es weiter in deinem Kleiderschrank wohnen zu lassen. Betrachte dich im Spiegel, gehe ein paar Schritte, setze dich hin, bücke dich, als wenn du etwas vom Boden aufheben möchtest. Spüre in dich hinein und sei ganz ehrlich zu dir selbst: Fühlst du dich in dieser Kleidung wohl? Sitzt sie wirklich bequem? Behalte nur Kleidung, die dir ein gutes Gefühl gibt und die du gerne trägst.

Sortiere alles, was du wirklich behalten möchtest, wieder in den Schrank zurück. Dabei kannst du folgende Tricks für noch mehr Ordnung im Kleiderschrank beachten:

- Sortiere deine Kleidung nach Winter- und Sommergarderobe. Platziere Kleidung für die aktuelle Jahreszeit im Vordergrund. Dicke Pullis dürfen im Sommer gerne hinten oder weiter oben im Schrank liegen. So sorgst du dafür, dass bei der Auswahl deiner Kleidung die saisonal passenden Sachen gleich ins Auge fallen.
- Bewahre kleinere Kleidungsstücke wie Unterwäsche, Socken, Strumpfhosen, Badekleidung und Co. in Schubladen auf oder platziere kleinere Kisten oder Schuhkartons in deinem Schrank.
- Überlege dir, welche Kleidung du lieber auf Bügel hängen oder gefaltet in den Schrank legen möchtest. Sortiere die Kleidung dabei nicht nur nach Art, sprich: alle T-Shirts auf einen Stapel, ebenso alle Röcke und

alle Tops, sondern auch nach Farben oder sogar nach Anlass. Nutze das Sortieren nach Farben auch an deiner Kleiderstange.

- Hänge außerdem alle Kleiderbügel in der gleichen Richtung auf die Stange. Wenn du ein Kleidungsstück getragen hast, hänge den entsprechenden Bügel andersherum auf. So siehst du nach sechs Monaten oder einem Jahr, welche Sachen du in dieser Zeit getragen hast und welche unangerührt geblieben sind. Ein guter Hinweis für deine nächste Ausmist-Aktion.
- Nimm dir vor, deinen Kleiderschrank regelmäßig alle sechs bis zwölf Monate zu entrümpeln. Du wirst feststellen, dass du dich schon nach wenigen Monaten einfacher von Dingen trennen kannst, die du beim ersten Mal noch behalten wolltest.

## CAPSULE WARDROBE

Für alle, die Herausforderungen lieben und noch minimalistischer leben möchten, gibt es den Trend der sogenannten „Capsule Wardrobe“. Die Idee dabei ist, mit 30–39 Teilen im Kleiderschrank für eine ganze Saison, also drei Monate, auszukommen. Lege dich fest, wie viele Kleidungsstücke du in der Saison zur Auswahl haben möchtest, und stelle dann eine Sammlung bestehend aus Ober- und Unterteilen, Accessoires wie Taschen, Schmuck und Tüchern sowie Schuhen zusammen – am besten solche, die sich gut miteinander kombinieren lassen. Alle anderen Kleidungsstücke verstaust du in Kisten. In der kommenden Saison versuchst du, deine täglichen Outfits nur aus diesen Modellen zusammenzustellen. Klingt ganz schön schwierig, kann aber eine Menge Spaß bringen und dir aufzeigen, wie wenig Kleidung eigentlich nötig ist, um sich jeden Tag abwechslungsreich und gut zu kleiden.

# Wohnzimmer

Das Wohnzimmer ist neben dem Arbeitszimmer ein beliebter Ort für Kabelsalat. Klar, denn hier finden sich in der Regel die meisten elektronischen Geräte. Kabelsalat sieht immer unschön aus und sorgt für Unordnung, außerdem ist er eine ideale Sammelstelle für Staub und Dreck. Widme dich also dem Gewirr, ordne es und überlege, wie sich die Kabel eventuell verstecken lassen. Es gibt auch praktische Kabelwannen, Kabelboxen oder Kabelschläuche, um den „Salat" zu verstecken. Wem solch eine Neuinvestition zu teuer ist, kann sich zumindest mit den guten alten – und günstigen – Kabelbindern behelfen. Kabelschellen dienen dazu, Kabel an der Wand oder an Fußleisten entlangzuführen. Es gibt sogar Fuß- und Sockelleisten, die einen speziellen innen geführten Kabelkanal haben.

DAS WOHNZIMMER IST DAS HERZSTÜCK JEDER WOHNUNG

## FÜR STAURAUM SORGEN

Die meisten Sofas haben heutzutage eine Schlaffunktion. Sollte dein Sofa dadurch über einen Bettkasten verfügen, bietet sich toller Stauraum. Hier können zum Beispiel neben den Kissen und Decken auch Gesellschaftsspiele und anderes verstaut werden.

Was im Bad die Körbchen, können im Wohnzimmer die Boxen sein. Es gibt sie in allen Größen, Formen und Materialien. Aufbewahrungsboxen wirken ruhiger, lassen sich gut abstauben und – wenn sie leer sind – leicht und platzsparend ineinanderstapeln. Gerade wer viel Klimbim herumfliegen hat, kann diesen in Boxen verstauen und auf diese Weise unkompliziert Ordnung halten.

# Arbeitszimmer & Büro

Falls du ein Arbeitszimmer oder ein Büro hast, dann ist das wahrscheinlich der Ort, der deinen ganzen Papierkram wie Ordner, Akten, Zettelchen, Briefe, Krimskrams und Stifte beherbergt. Vielleicht stehen dort auch dein Computer oder Laptop und ein Schreibtisch.

## LEERE SCHAFFEN

Wenn du einen Schreibtisch besitzt, räume ihn ab und putze ihn gründlich. Dann platziere zuerst nur die wichtigsten Gegenstände wieder an Ort und Stelle, zum Beispiel deinen PC, die Tastatur oder den Drucker. Setze dich vor deinen Tisch und spüre in dich hinein. Wie fühlt es sich an, hier an solch einem freien, ordentlichen Tisch zu sitzen? Freier Raum schafft Platz für einen freien kreativen Geist. Einheitlich aussehende Ordnungssysteme schaffen ein Bild der Harmonie. Sei auch beim Aussortieren deiner Büromaterialien kritisch. Brauchst du wirklich sechs Kugelschreiber? Funktionieren deine Stifte überhaupt alle noch? Was überflüssig ist: Weg damit!

## GUT GEPLANT IST HALB GEWONNEN

Gehörst du auch zu den To-do-Listen-Fans? Vielleicht finden sich an deinem Arbeitsplatz auch immer ein Kalender, eine Pinnwand und ein Stapel Zettelchen oder Post-its. Aber Achtung: Du kennst sicherlich den Ausdruck „sich verzetteln". Ein Schreibtisch voller Post-its macht genauso unruhig wie stapelweise Papier. Kleine Zettelchen lieber für kurze Notizen oder zum Brainstormen nutzen und nicht den ganzen Arbeitsbereich damit zukleben. Für Fans des elektronischen Zeitalters ist es eventuell eine gute Idee, die Terminplanung komplett auf digital umzustellen. Systeme wie der Google-Kalender sind von überall aus zugänglich und können einfach mit anderen Personen des gleichen Haushalts, der Familie, des Freundeskreises oder wem auch immer geteilt werden. Wenn du beim guten alten Papierkalender bleiben möchtest, kannst du zur Vernetzung mit deinen Liebsten auch einen Paar- oder Familienkalender mit zwei oder mehr Spalten benutzen.

## PAPIERCHAOS VERMEIDEN

Es ist einfach nervig, wenn man ein bestimmtes Schreiben, eine Rechnung, einen Kontoauszug oder Ähnliches benötigt und das entsprechende Papier einfach nicht findet. Idealerweise solltest du natürlich für alle Lebensbereiche entsprechende Aktenorder haben und sofort jedes Schreiben, das du erhältst, entsprechend abheften. Den Satz „Das Auge isst mit" kann man dabei auch auf den Arbeitsplatz übertragen. Es macht viel mehr Freude, seine Papiere in Ordnung zu halten, wenn man sich einige farblich aufeinander abgestimmte Ordner besorgt oder – falls man an so etwas Spaß hat – die Rücken der Order mit Stiften, Aufklebern, Bildern oder farbigem Karton gestaltet. Überlege, wie du deine Papierablage irgendwie aufwerten kannst. Ob mit ansprechenden Ordnern oder hübschen Registern, die du entsprechend beschriftest. Es ist egal, wie farbenfroh und kreativ deine Ordner von außen aussehen, solange du im Inneren alles ordentlich abgeheftet hast.

Zu viele Zettelchen oder Post-its verwirren auf Dauer nur noch mehr. Benutze einen Kalender, in den du alles einträgst, oder steige auf eine digitale Version um.

Für die weniger gut Organisierten unter uns gibt es noch eine Methode, die zwar das Abheften nicht unnötig macht, die Prozedur aber auf ein- bis zweimal im Jahr beschränkt. Dafür benötigst du einen entsprechend geräumigen Karton oder eine Kiste als Ablage für deine ganzen Papiere. Egal, ob Rechnungen von der Versicherung oder Gehaltsabrechnungen: Alles wandert – natürlich, nachdem du die Rechnungen beglichen hast – in den Karton. Einmal im Jahr – oder, wenn du fleißiger bist,

**UNTERLAGEN RICHTIG SORTIERT, IST SCHON DIE HALBE MIETE**

einmal im Quartal oder jedes halbe Jahr – nimmst du alle Papiere heraus, sortierst sie und heftest sie in den entsprechenden Aktenordnern ab.

Dieses System ist super für alle, die nicht beruhigt schlafen können, weil sie es nicht schaffen, ihre Papiere sofort abzuheften, und nicht genau sagen können, an welchem Ort oder in welcher Schublade in der Wohnung sich wichtige Papiere befinden. Alles, was du benötigen könntest, wird im entsprechenden Ordner sein oder – falls es jünger als ein Jahr ist – in deinem Karton liegen.

Egal, ob du mit einem Karton (oder mehreren), mit Aktenablagen oder Ordnern arbeitest – wichtig ist: „Get your shit done!" Verstreue deine Unterlagen nicht über die ganze Wohnung und bemühe dich, Rechnungen rechtzeitig zu begleichen und Anfragen und Aufforderungen sofort nachzukommen. Wenn du dazu neigst, einfach alles auf einen Haufen zu werfen und dich erst in fünf Jahren wieder darum zu kümmern, vergiss diese Methode und greife lieber sofort zum Aktenordner.

### 5-MINUTEN-REGEL

Mach dir die 5-Minuten-Regel zu eigen. Sie besagt, dass du alles, was du innerhalb von 5 Minuten erledigen kannst, auch jetzt auf der Stelle tun solltest. Nur Dinge, die mehr Zeit in Anspruch nehmen, dürfen aufgeschoben werden.

## AKTEN RICHTIG SORTIEREN

Entscheide dich für ein Ordnungssystem, mit dem du dich am wohlsten fühlst und mit dem du am besten arbeiten kannst. Neben Kisten und Ordnern können auch sogenannte „Hängeregister“ nützlich sein. Wichtig ist, dass du dein eigenes System durchschaust und es für dich eine verständliche Logik hat.

Schaffe innerhalb deines Aufbewahrungssystems verschiedene Kategorien für die entsprechenden Unterlagen. Zum Beispiel solltest du private und berufliche Unterlagen getrennt aufbewahren. Aber du kannst noch feinere Unterteilungen vornehmen. So kannst du in einem oder mehreren Ordnern deine Unterlagen sammeln, sortiert nach verschiedenen Kategorien wie dem Bereich „Arbeit“, „Gewerbe“ und „Rente“. Hier finden alle Unterlagen, die mit deinem Arbeitsplatz oder deiner Selbstständigkeit zu tun haben, ihren Platz, ebenso wie die wichtigen Rentenunterlagen. Unter dem Begriff „Finanzen“ kannst du deine Kontoauszüge abheften, ebenso wie alle Unterlagen rund um Bankgeschäfte, Kredite, Tagesgeldkonten, Wertanlagen, Bausparverträge und dergleichen. Darüber hinaus bieten sich die Kategorien „Hobbys“, „Abos“, „Versicherungen“, „Wohnen“, „Haustiere“, „Gebrauchsanleitungen“, „Gesundheit“, „Verträge“ und „Persönliches“ an. So kannst du alle deine Papiere von Versicherungen über Mietverträge, Reisepass, Hundesteuer und alte Zeugnisse bis hin zu ärztlichen Befunden der entsprechenden Kategorie zuordnen und entsprechend einheften. So hast du immer alles auf einen Blick griffbereit.

## DIGITALER FRÜHJAHRSPUTZ

Unseren Arbeitsplatz zu entrümpeln, kann auch bedeuten, unser E-Mail-Postfach endlich einmal aufzuräumen und unseren PC übersichtlicher zu machen. Trenne dich von Mails in deinem Postfach, die du nicht mehr brauchst, leere deinen Spamordner, lege Archivordner für Mails an, die du behalten möchtest, und verschiebe die entsprechenden Mails dorthin. Hast du ein gepflegtes Adressbuch in deinem Mail-Account? Speichere häufig genutzte E-Mail-Adressen und Kontakte ab und lösche veraltete oder nicht mehr aktuelle Kontakte aus deinem Adressbuch.

Wirf einen Blick auf deinen Desktop. Brauchst du wirklich alle Verknüpfungen, die hier aufgeführt sind? Oder gehörst du zu den Menschen, die gerne Fotos und anderen Kleinkram auf dem Desktop ablegen? Schaffe auch hier Ordnung. Lege alle Dateien zentral ab und erstelle dir eine einfache Ordner- und Laufwerkstruktur.

## LASS FACEBOOK SCHRUMPFEN

Besitzt du ein Facebook-Konto? Falls ja, kennst du vielleicht das Phänomen, dass sich im Laufe der Jahre unzählige Dinge in deinem Account ablagern und speichern. Hier und da eine Freundschaftsanfrage bestätigt, schnell auf ein „Gefällt mir" geklickt, diese oder jene Seite abonniert und aus allen Urlauben immer wieder Fotos hochgeladen.

Wir wissen natürlich: Was einmal im Internet landet, bleibt dort und wird nie vergessen. Trotzdem haben wir zumindest einen kleinen Spielraum, wenn es darum geht, aktuell zu entscheiden, was wir von uns zeigen möchten und was nicht. Ein Foto, das du vor vier Jahren vielleicht noch lustig fandest, ist dir jetzt peinlich, oder es ist unangemessen, weil du mittlerweile mit Arbeitskollegen befreundet bist, die deine Partyfotos nicht unbedingt sehen sollen.

Nimm dir die Zeit, um deinen Facebook-Account auszumisten. Gehe online und rufe alle deine Fotoalben auf. Gehe deine Alben durch und entscheide, welche Fotos du weiterhin online lassen möchtest und welche nicht. Vielleicht gibt es Bilder, die du zwar weiterhin in deinem Album haben möchtest, dessen Privatsphäre du in den Einstellungen aber ändern möchtest. Du kannst abschalten, dass die Bilder für die Öffentlichkeit zu sehen sind. Und du kannst auch einstellen, dass nur bestimmte Menschen diese Fotos oder sogar das ganze Album sehen können. Dazu kannst du in der Privatsphäre einstellen „sichtbar für Freunde außer ..." und eingeben, wer von der Sichtbarkeit ausgenommen ist. Widme dich auch deinen „Gefällt mir“-Angaben. Mit der Zeit sammeln sich Seiten an, die man irgendwann geliket oder abonniert hat. Entsorge alle Seiten, die dich nicht mehr wirklich interessieren oder von denen du vielleicht nicht einmal mehr weißt, worum es dort geht.

Last but not least räume in deiner Freundesliste auf. Frage dich ganz ehrlich: Mit wem möchte ich hier auf Facebook wirklich befreundet sein? Gibt es Menschen, die dich überhaupt nicht interessieren, die du vielleicht gar nicht kennst, auf deren Profilseite du noch nie warst oder mit denen du dir nie schreibst? Raus mit ihnen!

Frage dich, welche Menschen du überhaupt persönlich kennst von all den Personen auf deiner Liste und warum ihr dort befreundet seid. Handelt es sich um Personen, die du nicht aus den Augen verlieren möchtest? Um alte Bekannte, Freunde aus Schulzeiten, Familienmitglieder

E-Mails, alte Dateien und Facebook-Freunde auszusortieren, fühlt sich gut an. Hast du auch noch ungenutzte Apps?

oder enge Freunde? Oder sind Personen darunter, die du zwar aus der Schule kennst, mit denen du dich aber eigentlich nie gut verstanden hast? Oder jemand, der dir eigentlich jedes Mal auf die Nerven geht mit dem, was er postet? Menschen, über die du dich aufregst, weil sie nicht deine Weltanschauung oder politische Meinung teilen und damit hausieren gehen? Es gibt keinen Grund, wieso du mit solchen Personen befreundet bleiben solltest.

Im Wust von Hunderten von Freunden verliert man sowieso leicht den Überblick und hat kaum die Möglichkeit, sich auf die Menschen zu konzentrieren, die einem wichtig sind, und mitzubekommen, was sie bewegt und was sie von sich mitteilen. Höchstwahrscheinlich fällt es den allermeisten deiner Facebook-Freunde nicht einmal auf, wenn du von ihrer Freundesliste verschwindest.

## GEH OFFLINE

Eine Studie des Informatikers Alexander Markowetz und des Psychologen Christian Montag an der Universität Bonn, die den Handygebrauch Tausender Menschen untersuchte, hat ergeben, dass wir durchschnittlich drei Stunden am Tag mit unserem Smartphone verbringen. Ob mit Spielen, Social-Media-Accounts oder Messenger-Diensten – mehrfach in der Stunde gucken viele von uns tagtäglich auf ihr Handy.

Es ist ja auch so praktisch. Den ganzen Tag über können wir uns mit Freunden austauschen und Kontakte aufrechterhalten. Eben eine Voicemail zu senden, ermöglicht es uns, schnell viele Infos weiterzugeben, ohne in einem Telefonat festzuhängen. Langeweile an der Bushaltestelle: einmal eben die Mails checken und bei Facebook reingucken. Schöne Motive und tolle Momente sofort auf Instagram mit unseren Followern teilen. Bei jedem unbekannten Wort, interessanten Tipp oder einem Einfall das Handy zücken und die Suchmaschine befragen. Immer eine Kamera dabei haben und auch immer nachsehen können, wie viel Uhr es gerade ist. So manche sich wie Kaugummi ziehende Stunde im Wartezimmer eines Arztes kann kurzweilig überbrückt werden. Timer oder Wecker stellen, Musik hören, Einkaufslisten schreiben und lesen. Die Zahl der Möglichkeiten scheint unbegrenzt.

Doch wenn ich alle zehn Minuten versucht bin, auf mein Handy zu gucken, weil ich keine Nachricht verpassen will, oder nicht einmal konzentriert ein Buch lesen kann, weil ich in der Zeit mehrfach Begriffe nachschlage oder Querverweise weiterverfolge, dann wird es irgendwann echt stressig. Kennst du das? Während du Filme oder Serien guckst, auf Spaziergängen, beim Sport, in der Badewanne, in der Pause auf der Arbeit, beim Einkaufen, während du eine Zeitschrift liest: Dein Handy ist stets dabei. Manche werden sogar nachts wach, weil

GANZ BEWUSST OFFLINE SEIN, FÜHLT SICH GUT AN

sie ihr Smartphone im Schlafzimmer liegen haben und erreichbar sein wollen, falls irgendetwas passiert und ein dringender Anruf eingeht.

Für viele ist die Handynutzung zu einer Sucht geworden. Allein der Gedanke daran, das Handy zu Hause liegen zu lassen, versetzt die meisten in Unbehagen. Hat man es wirklich einmal nicht dabei, stellen viele fest, wie selbstverständlich und automatisch sie immer wieder in ihre Tasche greifen, nur um festzustellen, dass das Handy nicht da ist. Uns plagt die Sorge, etwas zu verpassen, eine wichtige Mitteilung nicht zu erhalten oder nicht erreichbar zu sein.

In „Detox your life“ geht es nicht darum, unsere technischen Geräte zu verteufeln. Ganz im Gegenteil gibt es sogar immer wieder Verweise auf nützliche Apps und Ideen, Kalender, Erinnerungen, To-do-Listen und Co. über unsere Smartphones laufen zu lassen. Wie bei allem geht es auch bei unserem Handy- und Technikkonsum einfach darum, die richtige Balance zu finden. Nichts spricht dagegen, die Vorteile unserer technischen Errungenschaften für uns zu nutzen.

Ich finde es ungemein praktisch, dass mein Smartphone zugleich mein Navigationsgerät ist, ich unterwegs im Auto keinen Straßenatlas oder bei einem City-Trip keinen Stadtplan mit mir herumschleppen muss. Ich kann in der Not jemanden anrufen, auf der Suche nach einem guten Restaurant die entsprechenden Tipps abrufen und ganz nebenbei meine täglichen Schritte zählen lassen. Wenn meine ganze Aufmerksamkeit sich jedoch nur noch um mein Smartphone dreht und ich regelrecht abhängig und süchtig danach bin, dann läuft etwas falsch.

Daher einige Tipps, um unseren Handykonsum zu reduzieren:

## HALLO, LIEBE ARMBANDUHR

Seitdem wir mit einem Blick auf unser Handy die Uhrzeit sehen können, trägt kaum mehr jemand eine Armbanduhr. Leider verführt das natürlich zu ständigem Nachschauen auf dem Display. Neben der Uhrzeit sehen wir auch unsere Nachrichten von Messenger-Diensten

### HILFREICHE APPS

Die kostenlosen Apps „Menthal“ für Android und „Moment“ für iOS zeichnen dein Smartphone-Verhalten auf und helfen dir, Klarheit darüber zu bekommen, wieviel Zeit du am Handy verbringst, um diese reduzieren zu können. Du wirst überrascht sein, wie viel du in Wirklichkeit dein Smartphone benutzt – wahrscheinlich weißt du manchmal gar nicht mehr warum ...

und Co. Und ehe wir uns versehen, ist der Bildschirm entsperrt, und wir verbringen schon wieder Zeit mit unserem Handy. Also lieber zurück zur guten alten Armbanduhr. Das Gleiche gilt übrigens für den verhassten Wecker. Lass dich nicht von deinem Handy wecken, denn dann ist es das Erste, was du morgens früh in der Hand hast.

## FESTE ZEITEN

Plane dir feste Zeiten ein, in denen du dein Handy nutzt, zum Beispiel dreimal am Tag jeweils morgens, mittags und abends. Gewöhne dir an, dein Handy am Abend auszuschalten.

## INFOS AN DEINE FREUNDE

Warst du bisher immer erreichbar, so sorge dafür, dass sich niemand Gedanken darüber macht, weil du plötzlich längere Zeit nicht mehr antwortest. Du könntest deine Freunde und Familie auch bitten, dich bei wirklich wichtigen, dringenden Anliegen einfach anzurufen.

## APPS AUSSORTIEREN

Überlege dir, welche Apps du häufig benutzt und welche eher selten. Bestimmt gibt es Apps, die du sowieso löschen kannst, weil du sie eigentlich überhaupt nicht verwendest. Vielleicht kannst du dich auch von bestimmten Zeitfressern trennen wie einem Spiel, das dich den halben Tag in Beschlag nimmt. Es kann sich auch lohnen, Social-Media-Apps zu löschen und diese nur noch vom Computer oder Laptop aus zu bedienen.

## FLUGZEUGMODUS

Gewöhne dir an, in Situationen, in denen du eigentlich sowieso kein Handy nutzen solltest – zum Beispiel auf der Arbeit, beim Date im Restaurant oder beim Treffen mit Freunden –, den Flugzeugmodus zu aktivieren. Da somit keine Informationen eingehen können, ist der Reiz, aufs Handy zu gucken, gleich ein wenig geschmälert.

# Keller & Dachboden

Mache dich auf etwas gefasst! Kaum ein anderer Raum beherbergt so viel Gerümpel und unnützes Zeug wie unser Keller oder unser Dachboden. Woran das liegt? Sobald wir einen Raum in unserem Haus oder in unserer Wohnung als Rumpelkammer und Abstellplatz deklariert haben, neigen wir automatisch dazu, alles, was im Weg steht, was wir gerade nicht gebrauchen können oder bei dem wir nicht sicher sind, wozu wir es überhaupt verwenden können, ganz schnell dort abzustellen und zu deponieren. Bei vielen finden sich dort Berge an Krimskrams, Kaputtes, Sachen, die seit Jahren eigentlich auf den Sperrmüll sollen, Weihnachtsdekoration aus drei Generationen und vielleicht noch der eine oder andere Umzugskarton, den man irgendwie nie ausgepackt hat.

## REGALE SORGEN FÜR SYSTEM

Je nach Chaos solltest du dir für Keller oder Dachboden vielleicht doppelt so viel Zeit einplanen. Nutze die Gelegenheit, um Dinge zu erledigen, die du vielleicht schon seit Monaten oder Jahren vor dir herschiebst: Sperrmüll entsorgen, Umzugskartons auspacken, defekte Gegenstände reparieren. Versuche, wieder Ordnung in den Raum zu bringen. Im Baumarkt gibt es häufig günstige Sonderangebote für Schwerlastregale, aber auch in Möbelhäusern finden sich gerade für Keller- und Abstellräume recht günstige Regalkonstruktionen. In unserem Keller habe ich mittlerweile alle Regale nach Themengebieten sortiert. Es gibt ein Gartenregal mit einem Fach für Kleinkram, den ich in Eimer gesteckt habe, einem Fach für Grillutensilien, einem für Töpfe, Übertöpfe und Erde sowie einem für Samen, Dünger und Co. Das nächste Regal beinhaltet Fächer für Campingausrüstung und Outdoor-Aktivitäten, in einem anderen Regal liegen unsere Werkzeuge, und ein weiteres Regal beherbergt Dekorationsmaterialien von Ostern bis Weihnachten inklusive Vasen, Gestecke, Blumenkränze und so fort. Seitdem sieht unser Keller nicht nur viel ordentlicher aus, ich weiß auch sofort, an welcher Stelle ich suchen muss.

# Auto

Du merkst schon, wir lassen nichts aus. Auch wenn wir unser Auto nicht unbedingt zu unserem Wohnraum zählen können – es sei denn, du hast den Minimalismus so perfektioniert, dass du in einem Mobilhome lebst: Es verwandelt sich schnell in einen Ablageort, dem wir nicht viel Aufmerksamkeit schenken.

Auch hier kannst du so vorgehen, wie du es von den Räumen deiner Wohnung gewöhnt bist. Leere das Auto komplett aus, den Kofferraum, das Handschuhfach, alle Ablageflächen. Nimm auch eventuelle Fußmatten heraus und beginne damit, dein Auto zu säubern. Klopfe alle Matten aus, staubsauge den Innenraum, wische das Armaturenbrett, das Lenkrad, den Schaltknüppel und die Scheiben von innen ab. Überlege dir, welche Utensilien du wirklich in deinem Auto brauchst. Dazu zählen natürlich die gesetzlich vorgeschriebenen Dinge wie Warnwesten, Warndreieck, Verbandskasten und Nützliches wie ein Ersatzrad, Pannenwerkzeug, Handschuhe, Eiskratzer, Parkscheibe, Straßenatlas, Sonnenbrille, Taschentücher oder eine Decke. Weg mit Müll, leeren Pfandflaschen, den Inlineskates, die noch seit letztem Sommer im Kofferraum liegen, und den 20 CDs, von denen du eigentlich nur eine einzige hörst, wenn du unterwegs bist.

### GIVE-AWAY-PARTY

Es ist eine tolle Idee, im Anschluss an die Wohnungsentrümpelung eine Give-away-Party für deine Freunde zu veranstalten. Du lädst Menschen ein, die du magst, es gibt Musik und etwas zu essen. Anders als bei der Kleiderparty bringen deine Gäste dabei nichts mit, denn du möchtest nichts eintauschen, sondern dich von Dingen befreien. Alles, was du aussortiert hast und verschenken möchtest, steht und liegt für die anderen bereit und kann mitgenommen werden.

# Dos & Don'ts

## DOS

- Einen Plan dafür schreiben, welchen Raum du in welcher Zeitspanne entrümpelst
- Dich für Erfolge belohnen, indem du dir etwas Gutes tust, zum Beispiel ein Bad nimmst, einen Tag im Spa verbringst, dir eine Massage geben lässt oder einen Netflix-Marathon-Tag einlegst
- Dich mit einer Freundin verbünden: gemeinsam mistet ihr eure Wohnungen aus und haltet euch gegenseitig auf dem Laufenden
- Online bei Social-Media-Plattformen von deinen Erfolgen berichten und deine Follower regelmäßig informieren, um dich zusätzlich zu motivieren, vielleicht findest du auch hier Mitstreiter: Hashtag „detoxyourlife“
- Entrümpeln zu einer Freude machen, Gute-Laune-Musik auflegen und laut aufdrehen, so geht alles gleich viel leichter von der Hand

## DON'TS

- Sachen aufheben, nur weil du denkst, sie bestimmt irgendwann in deinem Leben noch einmal gebrauchen zu können
- In mehreren Räumen auf einmal planlos aussortieren
- Kleidung behalten, in der du dich nicht wohlfühlst
- Dinge aus reiner Höflichkeit behalten, weil du sie geschenkt bekommen hast
- An Dingen festhalten, mit denen du nur traurige Erinnerungen verbindest
- Kaputtes aufheben, das sich nicht mehr oder nur schwer oder sehr teuer reparieren lässt

To Do List
1.
2.
3.
4.
5.
6.
7.

# Ideen für mehr Minimalismus im Leben

Minimalistisch zu leben, beinhaltet nicht nur, sich von Dingen zu trennen, die man nicht mehr gebrauchen kann. Es bedeutet natürlich auch, entstandene Leere nicht sofort wieder mit neuen Anschaffungen zu füllen. Dieser Lebensstil umfasst außerdem neben der Art, wie wir wohnen, auch unser Arbeitsumfeld und unser Konsumverhalten.

## MINIMALISTISCHES WOHNEN

Je mehr Wohnraum wir haben, desto geneigter sind wir, diesen mit Möbeln, Dekoration und anderen Dingen zu füllen. Noch dazu bedeuten mehr Quadratmeter in der Regel mehr Miete oder Kauf- und Baukosten. Leben auf kleinem Raum spart Geld und kann noch dazu ein Gefühl von Freiheit vermitteln.

Eine besondere Form des minimalistischen Wohnens sind originelle Wohnsituationen wie das Leben in einem Container, einem Bauwagen, einem sogenannten „Tiny House", also Minihaus, oder einem Lehmhaus. Meist gehen hier Minimalismus und ökologisches Denken Hand in Hand. Je kleiner mein Lebensraum, desto weniger Energie verbrauche ich. Manche Wohnsysteme wie einige neu entwickelte Bau- oder Zirkuswagen arbeiten mit eigener Solaranlage und Regenwasser-Wiederaufbereitung.

## MINIMALISTISCHES ARBEITEN

Wir haben uns in diesem Kapitel unter anderem mit einem minimalistisch eingerichteten Arbeitsplatz beschäftigt, denn er verhindert Ablenkung und verhilft zu mehr Klarheit und Konzentration. Minimalistisches Arbeiten kann jedoch noch viel weiter gefasst werden. Hierzu zählt ebenso die Auseinandersetzung mit meiner Arbeits- und Lebenszeit. Habe ich zum Beispiel die Möglichkeit, meine Arbeitszeit zu reduzieren und Teilzeit zu arbeiten? Ein Weniger an Arbeitszeit bedeutet ein Mehr an Lebenszeit. Im nächsten Kapitel werden wir das Thema „Arbeit und Beruf" noch näher behandeln.

## MINIMALISTISCHER KONSUM

Hier schließt sich der Kreis, denn wie schon angesprochen bedeutet Leere zu schaffen, diese mit Sinnhaftigkeit und Lebensqualität zu füllen, nicht mit neuen Gütern. Minimalistisch zu konsumieren, heißt, nur das zu kaufen, was man wirklich braucht. Keine großen Vorräte zu bunkern, nicht zu sammeln, in punkto Musik, Filme und Bücher auf digitale Versionen umzusteigen, Bücher, Filme und Kleidung zu leihen, statt zu kaufen, Unnötiges zu verschenken, zu recyceln oder zur Not wegzuwerfen sowie Dinge öfter secondhand statt neuwertig zu besorgen. Hinterfragen wir unser Kaufverhalten, gehen wir ökologisch vor, schonen unseren Planeten und reduzieren Müll.

Wer minimalistisch wohnt, braucht gar nicht mehr so viel und konsumiert automatisch weniger.

# Sparsamer leben

Wie kannst du es schaffen, zukünftig weniger zu konsumieren, mehr Geld zu haben und noch dazu umweltschonender zu leben? Mir hat es geholfen, mich zuallererst damit auseinanderzusetzen, wie viel Geld mir eigentlich wirklich zur Verfügung steht. Denn zugegeben – ich war immer schon jemand, der zu Impulskäufen neigt. Sehe ich etwas, das mir gefällt, ertönt sofort diese Stimme in meinem Kopf, die sagt: „Das muss ich haben". Früher habe ich solche Käufe häufig getätigt. Vor allem Schnäppchen lockten mich stets. Kein Wunder, denn unser Belohnungszentrum im Gehirn schlägt sofort an, wenn wir reduzierte Preise sehen. Doch seitdem ich errechnet habe, wie hoch mein wahrer Stundenlohn ist, gebe ich das Geld nicht mehr so schnell aus. Den Stundenlohn zu errechnen, ist ganz einfach:

**Tägliche Arbeitszeit**
+ Arbeitsweg + Fortbildungszeit
+ Zeit, in der du dich geistig mit deiner Arbeit beschäftigst
= Anzahl der Stunden pro Tag, die du für deine Arbeit einsetzt

**Zum Beispiel**
Arbeitszeit 7,5 Stunden
+ Arbeitsweg 1 Stunde
+ Fortbildungszeit ca. 0,2 Stunden (bei ca. 40 Stunden Fortbildung im Jahr)
+ 1 Stunde geistige Beschäftigung (Planung des nächsten Tages, Nachdenken über Kunden, denen man begegnet ist etc.)
= 9,7 Stunden am Tag, die du für deine Arbeit aufwendest

Nun nimmst du dein Nettogehalt und ziehst noch eventuelle Fahrtkosten ab, die nur dadurch entstehen, dass du tagtäglich zu deiner Arbeitsstelle kommst. Nehmen wir in unserem Beispiel 80,00 € Spritkosten.

Bei einer Vollzeitstelle mit einem reinen Nettogehalt von 1.500,00 € und einer 5-Tage-Woche rechnest du:
Nettogehalt 1.500,00 € – Spritkosten 80,00 € = 1.420,00 €

Zahl der Tage, die du in einem Monat arbeitest: durchschnittlich 21 Tage
9,7 Stunden pro Tag x 21 Tage im Monat = 203,7 Stunden im Monat
1.420,00 € Nettogehalt : 203,7 Stunden = 6,97 € pro Stunde
6,97 € Stundenlohn!

Natürlich ist dein Stundenlohn, wenn man dein Bruttogehalt ohne Abzüge von Steuern, Rente und Co. berechnet, höher. Aber wir gehen hier von dem aus, was du jeden Monat für Ausgaben jeglicher Art zur Verfügung hast. Schon erscheint dir ein Schnäppchen für nur 15 € gar nicht mehr so günstig, denn wenn du die Zeit miteinbeziehst, die du in deine Arbeit investierst, um dieses Geld schlussendlich in deinem Portemonnaie zu haben, kostet dich dieses Schnäppchen in unserem Beispiel über zwei Stunden deiner Zeit.

Blicken wir noch dazu ehrlich auf unsere Schnäppchenjagd und unsere Shopping-Ausflüge. Wie oft kommt es vor, dass du bereits zu Hause die Freude am Gekauften verloren hast? Spätestens nach einigen Tagen ist die Euphorie verflogen, wir erinnern uns oft nicht einmal

## IMPULSKÄUFE SIND NUR FÜR KURZE ZEIT BEFRIEDIGEND

mehr daran, was wir in der Woche zuvor ergattert haben. Der Duschschaum, den wir im Laden noch so interessant und begehrenswert fanden, ist längst ein gewöhnlicher Teil unseres Alltags geworden, das neue Buch wandert ungelesen auf den Stapel anderer noch ungelesener Bücher. Das neue Kleid im Schrank ändert nichts an dem Gefühl, nichts zum Anziehen zu haben, und die Halskette, die uns so angelacht hat, passt irgendwie doch zu keinem Outfit oder keiner Gelegenheit. Es ist selten, dass wir uns langfristig über die Dinge freuen, die wir erstanden haben. Einzukaufen gibt uns meist nur einen kurzen Kick im Augenblick des Geschehens. Die Vorfreude darauf und die Vorstellung, etwas zu besitzen, ist viel intensiver als die letztendliche Freude, wenn wir den Gegenstand tatsächlich unser Eigen nennen. Kaum haben wir etwas ergattert, verlieren wir auch schon wieder das Interesse daran.Unser Gehirn freut sich, das Belohnungszentrum leuchtet auf, doch kurze Zeit später sucht es bereits nach einem neuen Hochgefühl.

## DAS HAUSHALTSBUCH

Althergebracht, aber so aktuell wie eh und je ist das sogenannte „Haushaltsbuch“. Mittlerweile kannst du die verschiedensten Versionen fertig gebunden und zum Ausfüllen bereits kaufen. Oder du nutzt ein einfaches Notizheft, um dir einen Überblick über deine Ausgaben zu verschaffen. Hier trägst du ein, wie viel Geld du im Monat verdienst. Außerdem notierst du deine monatlichen Festkosten für Miete, Auto, Studium, Versicherungen, eventuelle Ratenzahlungen, Sparbeträge usw. Übrig bleibt, was du an Geld für den Monat zur Verfügung hast. Vermerke auch geplante Ausgaben wie ein Feriendomizil, das du in der kommenden Woche buchen willst, oder ein Geschenk, das du noch kaufen möchtest.

In der schlichtesten Version des Haushaltsbuchs notierst du im Laufe des Monats einfach jeden einzelnen Cent, den du ausgegeben hast. So entsteht eine lange Liste, die so aussehen könnte:

- Einkauf Biosupermarkt: 78,56 €
- Café mit Susanne: 12,30 €
- Neuer Badeanzug: 56,95 €

Du kannst jeden Eintrag mit Datum versehen oder das Haushaltsbuch direkt wie einen Kalender in Tage aufteilen. Eine weitere Option ist die Einteilung in verschiedene Lebensbereiche. So erhältst du am Ende des Monats einen Überblick darüber, für welche Bereiche du besonders viel Geld ausgibst.

**Beispiel**

- Essen und Trinken
- Haushalt
- Kosmetik
- Kleidung
- Freizeitaktivitäten
- Garten

Ob Haushaltsbuch oder nicht – es ist wichtig, dich mit deinen Finanzen auseinanderzusetzen und zu wissen, wie viel Geld dir zur Verfügung steht, oder gegebenenfalls, wie hoch deine Schulden sind.

Die Augen zu verschließen und deine Probleme in diesem Bereich womöglich zu verdrängen, schafft nur noch mehr Schwierigkeiten. Vielen von uns wird allein beim Gedanken an ihr Konto schon schlecht, oder sie trauen sich nicht, regelmäßig auf ihren Kontoauszug zu gucken. Doch seine finanzielle Situation zu kennen, ist der erste Schritt zu einem besseren Umgang mit Geld und eine gute Grundlage dafür.

Idealerweise vermeide ich Kartenzahlungen. Mit der EC- oder Kreditkarte zu bezahlen, entbindet uns ein Stück von dem Bewusstsein dafür, wie viel Geld wir „flüssig" haben. Wenn du bar bezahlst, siehst du beim Griff in dein Portemonnaie auf einen Blick, wie viel Geld du hast.

Das Haushalts buch bietet einen guten Überblick über deine Einahmen und Ausgaben. So siehst du auf einen Blick, wohin das meiste Geld geht bzw. worauf du verzichten kannst.

# Spartipps

## SPARE FESTE BETRÄGE

Versuche, monatlich einen festen Betrag zur Seite zu legen und zu sparen. Überweise ihn auf ein Sparbuch, ein Tagesgeldkonto oder stecke den entsprechenden Betrag in ein Sparschwein oder ein hübsch gestaltetes Glas.

## GIB DIR SELBST TASCHENGELD

Rechne anhand deiner Ein- und Auskünfte aus, wie viel Geld dir für den gesamten Monat frei zur Verfügung steht. Teile den Betrag dann durch die Anzahl der Wochen, und schon weißt du, wie hoch dein Taschengeld aussieht. Bleiben zum Beispiel 50 € pro Woche übrig, kannst du dir teurere Anschaffungen nur leisten, wenn du in einer Woche so sparsam bist, dass du in der kommenden Woche mehr als 50 € ausgeben kannst. Vielleicht musst du sogar mehrere Wochen auf etwas hinsparen. Diese Methode hilft dir, nicht schon Mitte des Monats ohne Geld dazustehen.

## SEI VORBEREITET

Gehe nur mit Einkaufszettel und niemals hungrig aus dem Haus! Am besten schreibst du dir vor jedem Supermarktbesuch eine genaue Einkaufsliste, die du im Geschäft abarbeitest. Wenn du hungrig durch den Laden gehst, ist die Gefahr sehr groß, aufgrund deines Appetits viel unnützes Zeug einzukaufen. Iss daher zumindest eine Kleinigkeit vor dem Einkaufen.

## SCHAU NACH UNTEN & VERZICHTE AUF MARKENPRODUKTE

Günstige Waren befinden sich in der Regel nicht auf Augenhöhe, sondern in den unteren Regalfächern der Supermärkte. Versuche, dich nicht von schöner Verpackung oder bekannten Namen beeindrucken zu lassen. Günstige Discounterketten verkaufen Markenprodukte oft preiswert unter anderem Label, hauseigene Marken sind meistens billiger und schneiden in Tests genauso gut, manchmal sogar besser als das vergleichbare teurere Markenprodukt ab.

## FOODSHARING

Jeden Tag werden Tausende Tonnen von Lebensmitteln weggeworfen. Um dem entgegenzuwirken, kannst du am sogenannten „Foodsharing“ teilnehmen. Auf der gleichnamigen Homepage kannst du dich anmelden und in deinem Umkreis zum Foodsharer werden. Damit rettest du Lebensmittel, die sonst von Supermarktketten, Bäckern und Co. entsorgt würden, vor dem Müll und sparst Geld bei deinen eigenen Einkäufen.

## BEDENKZEITEN

Nimm dir für alle größeren Anschaffungen einen Monat Bedenkzeit. Wenn du kleinere Dinge kaufen möchtest, halte dich noch eine Weile im Geschäft auf oder gehe hinaus und laufe die Straße einmal auf und ab, bevor du dich für oder gegen den Kauf entscheidest. Räume dir mindestens 15 Minuten Bedenkzeit dafür ein.

## VERMEIDE EMOTIONSKÄUFE

Manchmal tätigen wir Frustkäufe aus Trauer, Wut oder Unzufriedenheit. Meist machen sie uns nur kurzfristig wieder glücklich, belasten dafür jedoch unseren Geldbeutel. Versuche stattdessen, dir etwas wirklich Gutes zu tun, indem du dich fragst, was du jetzt brauchst. Vielleicht ist es eher ein langer Spaziergang, ein heißes Vollbad, ein Telefonat mit deiner besten Freundin oder eine Folge deiner Lieblingsserie.

## KLICKEN, OHNE ZU KAUFEN

Solltest du dich einmal wieder in einen Internetshop verirrt haben, hier ein Trick:

Lege in den Lesezeichen deines Internetbrowsers einen extra Ordner zum Thema „Shopping“ an. Speichere hier alle Seiten und Artikel, die du dir gerne kaufen würdest, und warte einen Monat ab. Gibt es Artikel, an die du dich noch erinnerst, die dich in dieser Zeit beschäftigt haben und die du dir immer noch zu kaufen wünschst? An einen Großteil der Waren wirst du dich wahrscheinlich nicht mehr erinnern können. Du hast sie in den vergangenen vier Wochen nicht vermisst, und es hat keine Rolle gespielt, ob du sie besitzt oder nicht. Lösche alles, woran du dich nach Ablauf des Monats nicht von selbst erinnert hast. Falls Dinge übrig bleiben, kannst du bei diesen noch einmal überlegen, ob du sie dir wirklich anschaffen möchtest oder nicht.

## NUR AUSFÜLLEN, NICHT ABSCHICKEN

Erreicht dich ein Katalog, nimm dir die Zeit, diesen in Ruhe durchzuschauen. Schreibe alle Dinge, die du gerne kaufen würdest, auf die Bestellkarte deines Katalogs. Wenn du fertig bist, lege den Katalog zur Seite. In der Regel kannst du dich auch in diesem Fall schon nach einigen Tagen nicht mehr daran erinnern, was du überhaupt bestellen wolltest.

## BIBLIOTHEK & BOOKSHARING

Alt, aber Gold wert: die Bibliothek. Gerade für Leseratten ist sie ein Ort, an dem man sehr kostengünstig an eine reiche Auswahl an Literatur herankommt. Das Tolle: Du sparst nicht nur Kosten, sondern auch noch Stauraum. Denn anders als gekaufte Bücher, wandern geliehene Bücher nicht in dein Regal, um dort zu verstauben. Mittlerweile gibt es mehrere Tausend öffentliche Bücherregale. Hier kannst du Bücher, von denen du dich trennen möchtest, hineinstellen und dir interessante Bücher herausnehmen. Vollkommen kostenlos! Auf openbookcase.org findest du eine Karte mit allen eingetragenen Booksharing-Standorten. Nette Idee fürs Büro: einen Booksharing-Karton aufstellen, zum Beispiel im Kopierraum oder in der Gemeinschaftsküche. Alle aus der Firma können Bücher hineinlegen und herausnehmen.

## REGIONAL & SAISONAL

Gemüse und Obst aus der Region und zur entsprechenden Jahreszeit zu kaufen, ist deutlich günstiger. Außerdem ist es viel gesünder, weil Äpfel, Karotten und Co. frisch geerntet sind und mehr Vitamine, Mineralien und andere wertvolle Inhaltsstoffe enthalten.

## GEHE WENIGER AUSWÄRTS ESSEN

Egal, ob Fast Food-Kette, Lieferservice oder Restaurant – außer Haus zu essen oder sich Essen liefern zu lassen, ist vergleichsweise teuer. Plane lieber deine Mahlzeiten für die kommende Woche – wie im ersten Teil des Buches beschrieben – und nutze Reste, indem du sie weiterverwertest, aufwärmst oder einfrierst. Du sparst bares Geld, und ganz davon abgesehen tust du deinem Körper einen großen Gefallen damit, ihn täglich mit frischen, selbst zubereiteten, gesunden Speisen zu versorgen, anstatt dir Burger, Pommes und Pizza zu gönnen.

## ESSEN SELBER ANBAUEN

Vielleicht hast du das Glück, über einen kleinen Garten oder einen Balkon zu verfügen. Viele Lebensmittel lassen sich sehr einfach selber ziehen, zum Beispiel Tomaten, Zucchini und Küchenkräuter. Selbst in der Wohnung auf einer sonnigen Fensterbank lässt sich auf kleinstem Raum etwas anbauen. Wenn du dich nach mehr sehnst, kannst du überlegen, einen Schrebergarten zu pachten. In manchen Bundesländern bekommt man solche Gärten aufgrund des hohen Angebots geschenkt! Oder du suchst im Internet nach der Möglichkeit eines Gemeinschaftsbeets. Heute gibt es viele Städte, Gemeinden und Bauern, die einzelne Beete und Feldabschnitte vermieten.

## TRINKE LEITUNGSWASSER

Viele von uns denken, Mineralwasser sei unserem Leitungswasser überlegen. Jüngste Tests aus dem Jahr 2016 haben jedoch ergeben, dass unser Leitungswasser dem Mineralwasser aus der Flasche hinsichtlich des Mineralstoffgehalts und der Belastung durch chemische Rückstände überlegen ist. Spare also Geld, Zeit, Kraft und schone die Umwelt, indem du Sixpacks und Kästen im Getränkemarkt stehen lässt und zu Hause den Hahn aufdrehst. Wenn du nicht auf das sprudelnde Erlebnis verzichten möchtest, kaufe dir einen günstigen Kohlensäure-Streamer. Bei eBay und Co. bekommst du gut erhaltene, gebrauchte Geräte günstiger.

## GETRÄNKE SELBST ANSETZEN

Nicht nur den Einkauf von Mineralwasser kannst du dir sparen. Auch zu Limonaden und Säften gibt es viele leckere, günstige und gesunde Alternativen. Mit einem Gärgefäß und einem Kombuchapilz, den du im Internet bestellen kannst, zauberst du in nur zehn Tagen mehrere Liter eines gesunden, erfrischenden Getränks auf Grünteebasis. Verfeinert mit ein paar Früchten steht verschiedensten Kreationen nichts mehr im Weg. Kräutertees können kalt wie warm genossen werden, und im ersten Teil des Buches hast du schon ein paar Rezepte für Detox-Wasser kennengelernt. Mit entsprechenden Kulturen kannst du sogar deinen eigenen Kefir ansetzen oder aus Getreide bzw. Nüssen und Wasser mithilfe eines Mixers schnell und günstig eigene Pflanzenmilch herstellen.

## LEBENSMITTEL HALTBAR MACHEN

Vielleicht passiert es dir auch schon einmal, dass du zu viel eingekauft hast, nicht dazu kommst, ein geplantes Rezept zu kochen, oder dein Garten zu viel Ernte abwirft, als dass du alles verwerten könntest. Gewöhne dir an, Lebensmittel einzufrieren, zu trocknen oder einzumachen – so musst du nichts wegwerfen.

## DO IT YOURSELF

Ob Kosmetik, Reinigungsmittel, Kinderspielzeug oder Geschenke – neben zahlreichen Büchern mit Anleitungen und Rezepten findest du auch im Internet unzählige Ideen, um Dinge kostengünstig selber zu machen. Gerade bei Geschenken gibt es so viele Anregungen, deren Umsetzung kaum Geld kostet, die aber trotz allem große Freude machen.

### ZEIT, AUFMERKSAMKEIT UND LIEBE SCHENKEN

Verschenke doch einmal etwas Besonderes, das dich nichts kostet. Einen Nachmittag mit einem gemeinsamen Spaziergang, einen Ausflug an einen Badesee, eine Massage, einen langen Brief, in dem du dem Beschenkten mitteilst, wie gern du sie oder ihn hast. Vielleicht kannst du deiner Freundin eine Freude machen, indem du ihr Kind betreust, während sie und ihr Mann endlich Zeit dafür haben, um gemeinsam ins Kino zu gehen. Geschenke müssen kein Geld kosten. Es reicht, wenn sie von Herzen kommen.

## WENIGER IN VERSUCHUNG GERATEN

Indem du deine Zeit im Internet und in Social-Media-Netzwerken reduzierst, Kataloge und Newsletter abbestellst und weniger Fernsehen guckst, verringerst du automatisch den Einfluss der Werbung und kommst nicht so schnell in Versuchung, etwas zu kaufen.

## MONATSHYGIENE

Oh ja, auch hier kannst du viel Geld sparen und dabei noch etwas für die Umwelt tun. Im Laufe ihres Lebens verbraucht jede Frau im Durchschnitt 4600 Tampons und Binden. Das kostet Geld und produziert eine Menge Müll. Noch dazu enthalten viele Hygieneprodukte gesundheitsschädliche Inhaltsstoffe wie Formaldehyd, Dioxin und Pestizide. Durch den stundenlangen engen Kontakt mit unserem Intimbereich, also mit Haut und Schleimhäuten, gelangen diese Stoffe leicht in unseren Körper. Gesunde und preisgünstige Alternativen sind Menstruationsschwämmchen aus Naturschwamm, sogenannte „Menstruationstassen“ aus Latex bzw. Kautschuk, wiederverwendbare waschbare Slipeinlagen und Binden aus Stoff oder Periodenhöschen. Bezugsadressen findest du im Anhang dieses Buches.

## KEINE RATENZAHLUNGEN & KREDITE

Gerne will uns die Wirtschaft glauben machen, dass wir uns alles irgendwie leisten können. Ratenzahlungen und Kredite sind ein Weg, uns Käufe schmackhaft zu machen, die eigentlich zu teuer für uns sind. Schnell tappen wir in die Schuldenfalle, haben vielleicht mehrere langwierige Raten- und Kreditzahlungen an der Backe und zahlen noch dazu mit Zinsen ordentlich drauf. Versuche, Ratenzahlungen nur im Notfall zu nutzen. Wenn dein Kühlschrank kaputtgeht und du keine finanziellen Rücklagen hast, kann es sein, dass du eine Finanzierung in Anspruch nehmen musst. Aber kaufe dir zum Beispiel keine Kleidung, die du ein paar Monate lang abbezahlst. Wahrscheinlich begleichst du deinen Kredit noch, wenn du sie längst schon gewöhnlich findest.

## MÜLL VERMEIDEN

Vermeide To-go-Produkte wie Salat, Gemüsesticks oder Obst in Plastikschalen, Getränke in Dosen oder den berühmten Coffee to go. Wenn du auf dem Weg zur Arbeit nicht auf deinen Kaffee verzichten möchtest, nimm deinen eigenen Becher mit. Tolle Modelle wie die schadstofffreie Keep Cup oder Versionen aus Bambus gibt es in verschiedenen Größen und Farben. Eigenen Kaffee zu Hause einzufüllen, spart zusätzlich sogar Geld.

## TAUSCHBÖRSEN & UMSONSTLÄDEN

Ob Pflanzen oder Kleidung – für viele Bereiche gibt es mittlerweile Tauschbörsen. Dort wirst du deine alten Sachen los und kannst sie gegen andere Dinge eintauschen oder einfach verschenken. Sogenannte „Umsonstläden“ nehmen Spenden an und verschenken Ware.

Müllvermeidung fängt bereits mit der Kaffeezubereitung an. Verzichte auf Kaffee-Kapseln oder -Pads und benutze stattdessen eine „French Press“.

# DETOX YOUR *social life*

Entschleunigung – nimm dir mehr Zeit für dich * Sei nicht perfekt – sei du selbst! * Sei dir selbst deine beste Freundin * Raus aus dem Stress * Verändere deine Gefühle durch Gedanken und Worte * Lerne, richtig zu kommunizieren * Achtsamkeit kultivieren * Lerne, Nein zu sagen * Höre auf deine Intuition * Toxische Beziehungen erkennen und beenden * Du verdienst einen Job, den du liebst!

# Detox your social life

Es kann schwer sein, sich von Dingen in unserem Haushalt zu lösen, auf bestimmte Nahrungsmittel zu verzichten, uns zu mehr Bewegung aufzuraffen oder weniger Konsum zu betreiben. Besonders schwer fällt es vielen Menschen allerdings, sich in sozialen Dingen und in Beziehungen um sich selbst zu kümmern. Doch in „Detox your life" ist jedes Kapitel und jede Übung gelebte Selbstliebe. Egal, um welchen Bereich deines Lebens du dich kümmerst, welche Altlasten du loslässt und welche neuen, gesunden Gewohnheiten du kultivierst – du tust damit etwas für dich.

MICH SELBST ZU LIEBEN, BEDEUTET, MICH VON ALLEM FREIZUMACHEN, WAS MIR SCHADET

Selbstliebe bedeutet nicht, selbstverliebt zu sein oder in einem Egotrip alle Menschen, die uns begegnen, vor den Kopf zu stoßen und immerzu nur an uns selbst zu denken. Sondern es heißt, dass wir uns selbst verantwortungs- und liebevoll an die erste Stelle in unserem Herzen setzen. Wir können für andere da sein und ihnen von unserer Aufmerksamkeit und Energie schenken, aber trotzdem darauf achten, was uns guttut, unsere Grenzen wahrnehmen und diese deutlich setzen. Und Selbstliebe bedeutet auch, dass wir lernen, wieder auf unseren Körper zu hören, auf unsere innere Stimme, darauf, was wir wirklich brauchen.

## SORGE GUT FÜR DICH SELBST

Vielleicht macht dir diese Vorstellung Angst oder beunruhigt dich. Liebevoller mit sich selbst umzugehen, ist für viele von uns sehr ungewohnt. Von klein auf lernen wir zum Beispiel, darauf zu achten, niemanden zu verärgern, keine Fehler zu machen und immer freundlich und höflich zu sein. Schreien wir als kleines Kind den Nachbarn an, weil er uns einfach unseren roten Gummiball weggenommen hat, schelten uns unsere Eltern womöglich für dieses Verhalten, entschuldigen sich vielmals beim

## SELBSTLIEBE IST WICHTIG UND ERLERNBAR

Nachbarn und zerren uns ärgerlich weg, weil ihnen unser Verhalten unangenehm ist. Als Kinder lernen wir daraus jedoch nicht nur, dass wir niemanden anschreien sollten, sondern auch, dass wir scheinbar kein Recht dazu haben, unseren Ärger auszudrücken, dass man uns einfach etwas wegnehmen darf, das eigentlich uns gehört, und auch ein Stück weit, dass unsere eigenen Grenzen nicht respektiert werden müssen. Nur selten hingegen bringt uns jemand bei, Rücksicht auf uns selbst zu nehmen, uns zu lieben, unsere eigenen Fehler anzunehmen und zu akzeptieren und uns schön zu finden.

In diesem Kapitel von „Detox your life" werden wir unsere Selbstliebepraxis noch weiter vertiefen und intensivieren. Du lernst, mit Stress umzugehen, Achtsamkeit zu kultivieren und dich endlich von Menschen abzugrenzen, die dir schaden oder dich ausnutzen.

# Entschleunigung – nimm dir mehr Zeit für dich

Wir leben in einer schnelllebigen, hektischen Zeit und legen viel Wert auf Effizienz und Leistung. Selbst die Sehnsucht nach einem gesunden Leben kann dich in ihrer Umsetzung unter Druck setzen. Das Konzept führt sich selbst ad absurdum, sobald du dich gezwungen siehst, schon um 4 Uhr in der Früh aufzustehen, um zwei Stunden Yoga zu machen oder joggen zu gehen, dir in der Küche eine weitere Stunde frische Smoothies und Säfte für den Tag zuzubereiten, nachdem du eine Dusche genommen hast – nicht ohne deinen Körper vorher mit einer Massagebürste ausführlich abgerieben, deine Zunge gereinigt und eine Nasendusche gemacht zu haben. Nur, um gerade noch rechtzeitig aus dem Haus zu kommen, um dich genervt durch den Berufsverkehr zu quälen. Auf der Arbeit gibst du alles, obwohl dich rasende Kopfschmerzen quälen – vielleicht dadurch verursacht, dass du gerade vom Kaffeekonsum entgiftest. Dein Magen knurrt, weil ihn die frischen Säfte nicht so richtig satt machen wollen, und am liebsten würdest du nur noch ins Bett fallen. Stattdessen fährst du nach der Arbeit mit dem Fahrrad – Rad statt Auto bringt dir ja mehr Bewegung – einkaufen und im Anschluss zu einer Stunde Tiefenmuskulatur-Training. Kommst du abends nach Hause, möchte dein Partner noch bekocht werden, deine Freundin bittet wegen Liebeskummer um ein dringendes Telefonat, und als es längst Zeit wäre, ins Bett zu gehen, entrümpelst du noch eben einen Schrank und zwingst dich noch zu einer abendlichen Meditation.

## SEIN STATT TUN

Von außen betrachtet empfinden viele Frauen so einen Lebensstil sogar als bewunderns- und erstrebenswert. Sie sehen nicht den damit verbundenen Stress und die Selbstgeißelung, sondern nur die beneidenswerte Disziplin, die sie selbst gerne aufbringen würden. Doch wenn ich mein Leben von Ballast befreien möchte, so zählt dazu auch selbst gemachter Stress jeder Art.

Es ist wichtig, einen Gang zurückzuschalten und dir Zeit für dich zu nehmen. Nicht die Menge an gesunden Praktiken und die hundertprozentige Leistung in allen Lebensbereichen ist es, was zählt. Lerne, Dinge langsam und in Achtsamkeit zu tun. Unser Tag hat 24 Stunden, es gilt nicht, diese mit möglichst vielen Aktivitäten und gesunden Gewohnheiten zu füllen, sondern es geht darum, sie so zu gestalten, dass sich dein Leben erfüllt anfühlt. Manchmal bedeutet das, bewusst Stunden der Ruhe, Entspannung und des Nichts-Tuns einzuplanen. Achte im Alltag darauf, dir immer wieder Pausen zu gönnen. Die in diesem Kapitel enthaltenen Achtsamkeitsübungen sind eine Methode, die dir helfen kann, immer wieder ins Hier und Jetzt zu kommen und dich bewusst wahrzunehmen. Um wahrzunehmen und hier zu sein, müssen wir nichts aktiv tun, denn reines Sein können wir immer und überall praktizieren.

Nimm dir bewusst kleine Pausen im Alltag, in denen du nichts tust – und wenn es nur fünf Minuten bei einem Kaffee sind.

## MEIN AKTUELLER TAG

Gestalte dein eigenes Tortendiagramm, indem du in diesen Kreis verschieden große Tortenstücke einzeichnest, die für deine momentanen Beschäftigungen während des Tages stehen. Von den 24 Stücken (für 24 Stunden) hast du vielleicht ein ca. 6 Stunden großes Tortenstück, in dem du schläfst. Ein 8 Stunden großes Stück steht für deine Arbeit. Wie viel Zeit verbringst du am Tag mit deinem Handy, mit Essen und Kochen, Sport, Fernsehen usw.?

## MEIN WUNSCHTAG

Anhand des vorherigen Diagramms siehst du, wie dein Tag aufgeteilt ist. Gefällt dir die Aufteilung? Gibt es etwas, das du ändern kannst und möchtest? Möchtest du weniger Zeit mit Netflix verbringen, dafür aber eine bestimmte Zeit meditieren oder in der Natur verbringen? Gestalte dieses Diagramm so, wie du deinen Tag gerne verleben möchtest.

# Sei nicht perfekt – sei du selbst!

Hören wir endlich auf, perfekt sein zu wollen! Niemand ist perfekt, auch nicht die Frau mit Modelmaßen und glänzendem Haar, die uns auf Instagram weismachen möchte, dass ihr Tag nur aus Yoga, grünen Säften und glücklichen Momenten besteht. Was wir nicht sehen können, sind ihre eigenen Selbstzweifel, ihre persönlichen Tiefs, die Trennung vom Freund, den Ärger mit ihrem Chef und ihren kritischen Blick in den Spiegel, weil sie ihre Beine nicht leiden kann.

## DER GRAUE SCHLEIER DES NEGATIVEN

Blicken wir auf unser eigenes Leben, auf uns selbst, so sehen wir in der Regel all diese negativen Punkte. Wir sind darauf ausgelegt, negativ zu denken, denn evolutionär gesehen hilft es uns dabei zu überleben. Es ist wichtig, uns zu merken, von welchen Beeren uns schlecht geworden ist, an welcher Stelle im Wald wir überraschend fast einen Abhang hinuntergestützt wären, dass unsere Hand im Feuer furchtbar wehgetan und uns tagelang schlimme Brandblasen verursacht hat. Erleben wir Schönes, so wird dies meistens nicht lang oder tiefgreifend abgespeichert. Etwas Negatives hingegen frisst sich oft unauslöschlich in unser Gehirn.

Im Laufe deines Lebens können dir zehn verschiedene Menschen gesagt haben, dass du eine tolle Taille hast. Vielleicht winkst du ab, schüttelst den Kopf, oder aber du lächelst und gibst ein „danke" zurück. Aber höchstwahrscheinlich wirst du dich nicht zukünftig jeden Tag im Spiegel betrachten und dir denken: „Wow, meine Taille ist so schön." Sagt dir aber nur einmal ein Mensch, dein Hintern sei fett, so begleitet dich dieses Urteil höchstwahrscheinlich für den Rest deines Lebens.

Von Natur aus prägen sich negative Erlebnisse wie Kritik und Beleidigungen viel fester in unser Gehirn ein als positive Erlebnisse, denn alles, was negativ ist, kann uns potenziell schaden. Natürlich bringt uns eine beleidigende Bemerkung zu unserem Gesäß nicht um, aber unser Gehirn unterscheidet nicht zwischen verschiedenen Abstufungen negativen Erlebens und deren letztendlicher Bedrohung. Vielleicht ist das einer der Gründe, wieso sich laut der Studie „Die ganze Wahrheit über Schönheit“ der Firma Dove aus dem Jahr 2010 nur 4 % aller Frauen schön finden. Interessant ist, dass laut der gleichen Studie jedoch 80 % der Frauen angeben, dass jede Frau auf ihre Art schön ist, sie es an sich selber aber nicht sieht.

Die einzige Chance, die wir haben, um uns von unseren negativen Prägungen zu befreien, ist es, wieder auf die positiven Dinge in uns, an uns und um uns herum zu achten. Was hindert dich daran, deine eigene Schönheit zu erkennen? Nimm dir ein bisschen Zeit, um in dich zu gehen und dich zu fragen, was du an dir magst und was nicht. Bemühe dich dabei bitte, mindestens drei Dinge zu benennen, die du an dir schön findest. Gib nicht eher auf, bis du es geschafft hast.

WAS ICH AN MIR MAG

.......................................

.......................................

.......................................

.......................................

WAS ICH NICHT AN MIR MAG

.......................................

.......................................

.......................................

Wenn du dir die Liste unter dem Gesichtspunkt ansiehst, welche Dinge du an dir nicht magst, frage dich, ob es irgendwelche Geschehnisse, Vorkommnisse oder Kommentare von anderen Menschen in deinem Leben gab, die dich zu dieser Sichtweise geführt oder dich darin bestärkt haben. Vielleicht magst du deine Nase nicht und erinnerst dich daran, wie dich ein paar Mädchen in der Schule immer damit aufgezogen haben, deine Nase sei

**MACH DICH FREI VON DEN MEINUNGEN DER ANDEREN**

riesig. Oder du erinnerst dich, dass du den Po deiner Mutter geerbt hast und diese immer unzufrieden mit ihrem eigenen war. Vielleicht hat sie dich darauf aufmerksam gemacht, dass du ebenfalls solch eine Poform hast, und gesagt, dass ihr dies leid täte, weil sie schon ihr Leben lang unter ihrem eigenen Po gelitten habe.

## FINDE DEINE EIGENE WAHRHEIT

Schreibe all diese Sachen auf, egal, wie lange sie zurückliegen. Dann betrachte diese Liste und mache dir klar, dass dies nicht deine Wahrheit ist. Nur weil irgendwelche Menschen irgendwann einmal etwas Negatives über dich gesagt haben, bedeutet das nicht, dass dies die unumstößliche Wahrheit ist. Gerade was Äußerlichkeiten betrifft, gibt es keine richtige oder falsche Meinung. Eigentlich sind sich alle einig, dass sich über Geschmack nicht streiten lässt. Selbst wenn jemand dein blondes Haar nicht schön findet, weil er schwarze Haare lieber mag – das hat kein Gewicht. Zehn andere Menschen würden vielleicht dein blondes Haar schöner finden. Entscheide dich bewusst dafür, diesen Aussagen anderer Menschen keine Bedeutung mehr beizumessen. Du bist diejenige, die entscheidet, wie gewichtig solche Urteile über dich sind. Vielleicht bist du auch Opfer von schlimmen Bemerkungen und Beleidigungen geworden, weil die betreffende Person dich einfach absichtlich verletzen wollte oder weil sie neidisch oder eifersüchtig auf dich war.

## FREMDE URTEILE LOSLASSEN

Nimm den Zettel, auf dem du die Aussagen anderer über dich gesammelt hast, atme ein paarmal tief ein und aus und entscheide dich dafür, dich von diesen Urteilen über dich zu befreien. Als Zeichen des Loslassens kannst du den Zettel verbrennen, vergraben oder in ein fließendes Gewässer geben. Du entscheidest dich hier, heute und jetzt dafür, freundlicher zu dir zu sein und darum bemüht, dich selbst mit neuen Augen zu sehen. Stelle dir vor, dass all die Urteile von anderen über dich wie eine Sonnenbrille sind, die du dein Leben lang getragen hast und die du jetzt ablegst, um die Welt endlich in ihren wahren, prächtigen Farben zu sehen.

Wenn du dich selbst akzeptierst und liebst, ist es ganz egal, was andere über dich denken oder sagen.

# Sei dir selbst deine beste Freundin

Wir können nicht nur die Schönheit anderer Menschen besser sehen als unsere eigene, wir sind im Allgemeinen anderen Menschen gegenüber viel nachsichtiger, liebevoller und fürsorglicher als uns selbst gegenüber. Versuche, dir zukünftig selbst die beste Freundin zu sein. Wann immer du dich hässlich oder traurig fühlst oder gar wütend auf dich selbst bist, versuche, dir vorzustellen, neben dir selbst zu stehen oder zu sitzen. Wenn nicht du dort säßest, sondern deine beste Freundin: Was würdest du ihr sagen? Höre, wie sie dir ihr Leid klagt, wie sie über sich selbst schimpft oder

SEI MIT DIR SELBST
NICHT IMMER SO STRENG

dir von ihren Unzulänglichkeiten berichtet. Welche Sicht auf die Dinge hättest du in deiner Position als Freundin? Würdest du sie trösten, ihr gut zureden oder sie davon zu überzeugen versuchen, dass sie ein falsches Bild von sich hat? Könntest du ihre Reaktion – zum Beispiel sich in einer ungerechten Situation ihrer Kollegin gegenüber durchgesetzt zu haben – verstehen? Würdest du ihr vielleicht sagen, dass sie kein schlechtes Gewissen zu haben braucht und alles richtig gemacht hat?

## LASS DEIN HERZ SPRECHEN

Versuche so oft es geht, in Phasen der Selbstzweifel oder wenn du dich einfach gerade selbst nicht leiden kannst, in die Position der wertschätzenden Freundin zu schlüpfen. Dies kann dir helfen, einen anderen Blickwinkel auf die Situation zu erlangen und dir darüber klar zu werden, dass du manchmal vielleicht zu hart und streng mit dir selbst ins Gericht gehst.

# Raus aus dem Stress

Täglich wartet ein Berg aus Anforderungen auf uns, und wir sind dazu angehalten, uns den gesellschaftlichen Bedingungen anzupassen. Das bedeutet für die meisten von uns einen schwierigen Balanceakt zwischen Familie, Arbeit und Freizeit. Meist stehen wir nicht auf, wenn wir wach werden, sondern wenn der Wecker es uns vorgibt. Wir leben nicht mehr mit den Rhythmen der Natur, mit natürlicher Helligkeit und Dunkelheit des Tages oder mit den Jahreszeiten. Früher standen wir mit der Sonne auf und gingen mit ihr ins Bett, unser Leben war von harter körperlicher Arbeit geprägt, aber es gab auch Phasen der Ruhe, Erholung und Einkehr. Unser Leben verlief in recht vorgegebenen Bahnen, während wir heute die Qual der Wahl haben, in welcher Weise wir unser Leben gestalten möchten. Ob es um Karriere oder Freizeitgestaltung geht – jeden Tag gibt es Neues zu entdecken. Insgesamt lässt sich davon ausgehen, dass unser Stresspegel sich durch unsere moderne Lebensweise erhöht hat. Doch was ist Stress überhaupt?

## GIBT ES POSITIVEN STRESS?

Früher unterschied man zwischen sogenanntem „Disstress“ und „Eustress“. Disstress galt als schädliche, krank machende Form von Stress, während Eustress als positiv, motivierend, beflügelnd und leistungssteigernd angesehen wurde. Auch wenn man heute noch zwischen diesen beiden Formen differenzieren könnte, ist man sich mehr und mehr einig, dass es falsch ist, irgendeine Form von Stress als positiv zu betrachten. Denn langfristig gesehen macht jede Form von Stress krank, auch wenn wir sie in erster Konsequenz nicht als negativ erleben.

Sind wir zum Beispiel dazu angehalten, ein Projekt innerhalb einer bestimmten Zeit fertigzustellen, so können wir diese Situation durchaus als positiv erfahren. Wir sind motiviert, haben viele Ideen, arbeiten täglich viele Stunden an dem Projekt und haben Spaß dabei. Doch gegen Ende merken wir vielleicht, wie ausgepowert, müde und unkonzentriert wir sind. Trotz der Freude hat sich der Eustress letztlich negativ auf uns ausgewirkt.

## STRESS SICHERT UNSER ÜBERLEBEN

Stress ist eine überlebenswichtige Schutzfunktion unseres Körpers, die uns schon seit Anbeginn der Menschheit begleitet. Bereits zu Urzeiten waren die Stressreaktionen unseres Körpers dazu nötig, um uns in Gefahrensituationen durch Kampf oder Flucht zu schützen. Tauchte eine Gefahr auf - zum Beispiel ein Erdbeben –, so schüttete unser Körper schon damals innerhalb von Sekundenbruchteilen Stresshormone wie Adrenalin, Noradrenalin und Kortisol aus. Unser Körper war im Alarmzustand, das Blut floss schnell von unserem Verdauungstrakt in die Muskeln, unwichtige Prozesse, die – wie unser Fortpflanzungstrieb – nicht zum Überleben notwendig sind, wurden deaktiviert, dafür lief das Gehirn auf Hochtouren. Unser Körper war nun fähig, blitzschnell zu reagieren, im Falle des Erdbebens wohl eher mit Flucht als mit Kampf. Erst wenn die Bedrohung vorüber war, wurde die Produktion der Stresshormone vom Körper heruntergefahren. Die bisher ausgeschütteten Hormone wurden durch Kampf oder Flucht abgebaut.

## SUPERWOMAN „DANK“ STRESS

Stressreaktionen können unseren Körper zu Höchstleistungen bringen. Plötzlich können wir viel schneller rennen als zuvor oder entwickeln ungeahnte Kräfte. Vielleicht hast du schon von den Geschichten über Mütter gehört, die es schaffen, einen Kleinwagen anzuheben, unter dem ihr Kind eingeklemmt ist. Oder du hast am eigenen Leib erfahren, wie es ist, einem Unfall beizuwohnen und plötzlich einfach nur noch zu reagieren, anstatt groß nachzudenken. Erst nachdem ein Krankenwagen an Ort und Stelle ist und du langsam wieder zur Ruhe kommst, merkst du, dass du alles richtig gemacht und absolut adäquat, professionell und zügig gehandelt hast.

Du siehst, Stress ist also per se überhaupt nichts Schlechtes, sondern eine wunderbare Erfindung von Mutter Natur. Dennoch kann Stress uns krank machen und belasten, besonders weil unsere moderne Lebensweise Stress mit sich bringt.

Denn auch heute noch reagieren wir genauso wie vor Millionen von Jahren. Allerdings kann unser Körper nicht unterscheiden, ob wir objektiv oder subjektiv bedroht werden. Zum Glück ist es selten, dass wir objektiven Bedrohungen wie einem Angriff durch einen anderen Menschen oder ein Tier, einer Naturkatastrophe oder Ähnlichem ausgesetzt sind. Aber auch Hitze, Kälte, Lärm und ein Mangel an Schlaf, Nahrung und Flüssigkeit zählen zu den objektiven Bedrohungen. Subjektiven Bedrohungen begegnen wir jedoch jeden Tag. Hierzu zählen zum Beispiel negative Gedanken, Konflikte, Zeitdruck, hohe Anforderungen bis hin zu Todesfällen, Trennungen oder Arbeitsplatzverlust.

## ZU VIEL STRESS MACHT KRANK

Sind wir gestresst, so leiden Körper, Seele und Geist. Neben einem Gefühl des Kontrollverlusts kann vor allem Dauerstress dazu führen, dass wir innerlich permanent angespannt und müde sind. An erholsamen Schlaf ist nicht zu denken, unser Immunsystem ist geschwächt, sogar die Wundheilung wird durch Stress verlangsamt. Durch den Abbau von Nervenzellen sind bestimmte Hirnleistungen gemindert, Lernen fällt uns schwerer, wir können uns schlecht konzentrieren, und unser Gedächtnis leidet. Auf Dauer hat Stress einen negativen Einfluss auf unser Herz-Kreislauf-System, da unsere Arterien verhärten können und der Blutzucker steigt. Und wir altern sogar schneller.

Menschen, die im Laufe ihres Lebens an einem Burnout, einer Depression oder einer Angststörung erkranken – die maßgeblich durch Stress mit verursacht werden können –, haben neueren Erkenntnissen zufolge sogar eine gestörte Stresshormonproduktion. Nervenzellen, die für Panikreaktionen zuständig sind, zeigen sich bei Untersuchungen als übererregt, es werden vermehrt Stresshormone ausgeschüttet, und die Hemmung ihrer Wirkung scheint gestört zu sein. Der Körper befindet sich bei diesen Erkrankungen im Dauerstress mit all den Nebenwirkungen, die Stress mit sich bringt.

## STRESSBALANCE FINDEN

Nun wissen wir, dass Stress uns alle betrifft und schädlich ist, ja sogar körperlich und seelisch krank machen kann. Aber wie kann ich dem Stress in meinem Leben entfliehen? Wir können uns schlecht aus unserem Leben herausteleportieren und plötzlich als einsamer Eremit – fernab von Berufsdruck, Familie und Freunden – in einer Hütte in den Bergen leben. Es gibt Lebensumstände, die wir einfach nicht ändern können!

Was wir jedoch tun können, ist, eine Stressbalance für uns zu finden. Denn auch mit unveränderbaren Lebensumständen, die Stress verursachen, können wir lernen, anders umzugehen. Zum einen geht es also darum, Stressoren ausfindig zu machen und diese – wenn möglich – zu beheben, zum anderen tun wir gut daran, einen anderen Umgang mit diesen Faktoren zu erlernen und einen Ausgleich zum Stress zu schaffen.

Daher ist es wichtig, zuerst eine Bestandsaufnahme zu machen und herauszufinden, was uns stresst.

### WIE EINE KUH SCHAUEN, UM STRESS ABZUBAUEN

Unser Kiefermuskel ist einer der stärksten Muskeln in unserem ganzen Körper und noch dazu der Muskel, der sich bei Stress, Angst und Anspannung sofort verspannt. Vielleicht gehörst du zu den Menschen, die nachts im Schlaf mit den Zähnen knirschen oder sie einfach sehr fest zusammenbeißen. Oft verstärkt sich eine solche Symptomatik in Zeiten von Stress. Eine wunderbare Übung im wachen Zustand, um Stress loszulassen, ist das „Kuhgesicht".

Dazu lassen wir bewusst unseren Unterkiefer ganz locker, der Mund ist ganz leicht geöffnet, und die Zunge liegt locker und frei auf dem Grund des Mundes. Ein bisschen gucken wir wie eine träge, die Sonne genießende Kuh, die auf der Weide steht. Daher wohl auch der Name der Übung. Durch diesen bewusst gelockerten Kiefer nehmen Stress und Anspannung automatisch ab. Solltest du dich unter Menschen befinden, denen du den Anblick einer dösenden Kuh ersparen möchtest, kannst du den Mund auch ganz locker geschlossen halten. Aber achte darauf, dass Unterkiefer und Zunge weiterhin locker sind, die oberen und unteren Zähne berühren sich nicht.

## MEINE STRESSOREN: WELCHE STRESSFAKTOREN HABE ICH IN MEINEM LEBEN?

### 1. ÄUSSERE FAKTOREN

z. B. Schlafmangel, zu wenig Essen oder Flüssigkeit

### 2. SOZIALE FAKTOREN

z. B. Scheidung, Mobbing, Konflikte

### 3. GESELLSCHAFTLICHE FAKTOREN

z. B. Schichtdienst, lange Arbeitszeiten, Termindruck

### 4. INDIVIDUELLE FAKTOREN

z. B. Rastlosigkeit, Pflichtgefühl, Perfektionismus, sich nicht abgrenzen können

### 5. EMOTIONALE FAKTOREN

z. B. Angst, Hoffnungslosigkeit, Wut, Trauer

## EIN STRESSARMER LEBENSSTIL

Idealerweise bemühen wir uns, zu einem stressarmen Lebensstil zu gelangen. Ganz grundlegend, aber elementar wichtig steht an erster Stelle ein ausgeglichener, regelmäßiger Tagesrhythmus geprägt durch genügend Schlaf – ca. acht Stunden in der Nacht, idealerweise ab ungefähr 22 Uhr – und eine gesunde Ernährung. Laute Orte und viel Hektik stressen unseren Körper, während frische Luft und Ruhe uns guttun. Nicht nur offensichtlich aufregende Aktivitäten wie Horrorfilme oder bestimmte Computerspiele sorgen für die Ausschüttung von Stresshormonen. Allein schon die permanente Beschäftigung mit unserem Smartphone versetzt uns in ein gewisses Stresslevel.

## DEM STRESS DAVONLAUFEN

Die beste Art, um Stresshormone abzubauen, ist Sport. Denn durch Bewegung wird der Spiegel an Kortisol, Adrenalin und Co. deutlich heruntergefahren. Wir erinnern uns an das Erdbeben: Stresshormone machen uns einsatzbereit zur Flucht. Indem wir die Flucht ergreifen und davonrennen, werden die Stresshormone wieder abgebaut. Egal, ob wir schwimmen, inlineskaten oder Zumba tanzen – erlaubt ist, was Spaß macht. Evolutionär sind wir nicht nur darauf ausgelegt, jederzeit in Gefahrensituationen blitzschnell reagieren zu können, Mutter Natur hat uns auch noch eine tägliche Extraportion Adrenalin geschenkt, damit wir jeden Tag in der Lage sind, einem Säbelzahntiger zu entkommen. Glücklicherweise werden wir heutzutage nicht mehr von diesem Tier bedroht. Das zusätzliche Adrenalin steht uns jedoch trotzdem zur Verfügung. Wenn wir dieses nicht mithilfe von Bewegung abbauen, erhöht es natürlich unser tägliches Stresslevel.

Meditation, Yoga, Entspannungsmethoden und Achtsamkeitsübungen in den Alltag zu integrieren, verhilft uns ebenfalls dazu, unseren Stresspegel deutlich abzusenken. Außerdem lernen wir auch, mit zukünftigen Herausforderungen und Stresssituationen adäquater und gelassener umzugehen.

Neben Bewegung und Entspannung ist es ebenfalls wichtig, dass du für Freude in deinem Leben sorgst – ob du einem Hobby nachgehst, Aktivitäten einplanst, die dir Spaß machen, oder deine Freundschaften pflegst.

Aber achte dabei darauf, nicht den Fehler zu machen, dich mit Stressabbau zu stressen. Ein straffer Wochenplan, in dem du versuchst, jeden Tag gesund zu essen, fünfmal Sport zu treiben, jeden Tag zu meditieren und dich an drei Tagen mit einer Freundin zu treffen, klingt nach mehr Stress als nach Entlastung. Denke an den Absatz über Entschleunigung in diesem Kapitel. Unser Zauberwort heißt „Balance". Es geht nicht darum, zu viel zu machen, sondern eher darum, weniger zu tun, dafür aber das Richtige und das, was du wirklich möchtest. Denke auch an deine individuellen Stressfaktoren. Wenn du perfektionistisch veranlagt bist, kannst du dich schnell selbst stressen, obwohl du es eigentlich gut mit dir meinst.

Dir ist vielleicht aufgefallen, dass „Detox your life" und Stressbewältigung Hand in Hand gehen. Denn in diesem Buch führe ich dich an viele der Themen heran, die dir helfen können, Stress abzubauen und eine gesunde Stressbalance in deinem Leben zu finden. Aus all den kleinen Puzzlestücken wie Ernährung, Bewegung, Entrümpeln, Raum-Schaffen, Entspannen, Achtsamkeit und schlussendlich gelebter Selbstliebe ergibt sich ein Bild deines wunderschönen, frischen, erfüllten Lebens.

## TO DOS ABHAKEN MACHT GLÜCKLICH

Geht es dir auch so? Ich für meinen Teil liebe To-do-Listen, und sie gehören für mich persönlich zu meinen top Stressmanagement-Tools. Natürlich achte ich dabei darauf, mich nicht – wie im Kapitel über Minimalismus und Entrümplung angesprochen – zu verzetteln.

Ich schreibe meine Listen entweder auf ein Stück Papier, das ich aufhänge oder an einen bestimmten Platz lege, oder direkt in meinen Kalender oder in ein leeres Notizbuch. Egal, ob ich nur eine To-do-Liste schreibe oder direkt ganze Wochenpläne erstelle – wenn ich etwas

zu Papier bringe, brauche ich es nicht mehr im Kopf zu behalten, und das entlastet sehr.

Listen und Pläne zu schreiben, geht schnell, wir brauchen dafür meist nur wenige Minuten. Dinge, die nur einen geringen Zeitaufwand benötigen, können wir zuerst vermerken, während wir zeitaufwendigere Tätigkeiten weiter unten notieren. So können wir meist schnell mehrere Punkte abhaken und haben gleich das Gefühl, das der Berg an Aufgaben und Vorhaben kleiner wird. Durch das Abhaken unserer Liste stellt sich zügig ein Zufriedenheits- und Erfolgsgefühl ein, das uns weiter motiviert.

Eine andere Herangehensweise ist es, die Liste nach Priorität zu sortieren. Dringende, wichtige Punkte kommen nach oben, da sie uns am meisten belasten und am ehesten erledigt werden sollten. Achte auch darauf, ob es Punkte gibt, die du momentan gar nicht abhaken kannst, weil sie z. B. nicht in deiner Hand liegen oder sich vielleicht auf Ereignisse in der Zukunft beziehen, weswegen du jetzt noch keinen Handlungsspielraum hast.

## PLÄNE STATT LISTEN

Wenn dir einfache To-do-Listen nicht reichen, kannst du auch ganze Pläne für den Tag, die Woche oder einen Monat schreiben. Bei solchen Plänen, die du wie einen Stundenplan aus Schulzeiten aufbauen kannst, ist es wichtig, dass du dir bewusst Pausen einplanst und immer auch einen gewissen Zeitpuffer. Denn es kann immer sein, das irgendetwas Unvorhergesehenes passiert wie ein Stau auf der Autobahn, eine Internetstörung, ein Zugausfall oder eine lange Schlange an der Kasse. In unserer Vorstellung verbinden wir das Wort „Pause“ oft damit, dass wir in dieser Zeit einfach untätig sind, herumsitzen oder abhängen. Aber auch aktive Pausen, in denen du etwas machst, was dir Freude bereitet und dir Kraft und Energie schenkt, sind damit gemeint.

## BULLET JOURNAL

Der US-amerikanische Designer Ryder Carroll hat in den vergangenen Jahrzehnten eine ganz besondere Form der Planung entwickelt: das sogenannte „Bullet Journal". Dabei handelt es sich um ein codiertes Agenda-System. Es hilft dir, dich gut zu organisieren, und bietet die Möglichkeit, nicht nur deinen Tag, sondern deine Woche, deinen Monat, ja sogar dein ganzes Jahr zu planen.

Du benötigst dafür ein leeres Buch, dessen Seiten durchnummeriert sind oder von dir nummeriert werden können. Auf den ersten Seiten legst du ein Inhaltsverzeichnis an, das ständig wachsen wird, denn du entscheidest, was und an welcher Stelle du etwas in dein Bullet Journal einträgst.

Zum Beispiel könnte im Inhaltsverzeichnis stehen:
Seite 3 – Legende
Seite 4–6 – Jahresübersicht
Seite 7 – Übersicht Juli
Seite 8 – To-do-Liste Juli

Die Gestaltung des Bullet Journals ist sehr individuell. Die meisten starten nach dem Inhaltsverzeichnis mit einer Jahresübersicht. Darauf folgend wird dem anstehenden Monat oft eine Doppelseite gewidmet. Auf die linke Seite kommt eine Übersicht des Monats mit allen Daten und Wochentagen. Auf der rechten Seite findet sich die To-do-Liste für den ganzen Monat. Was steht an? Was will ich erledigen? Was ist wichtig? Was möchte ich sehen, wen besuchen, was vorbereiten, abschließen, erleben?

Du kannst es dabei belassen, oder du kannst auf den kommenden Seiten jedem Tag eine zusätzliche Seite widmen oder auch mehrere Tage auf einer Seite platzieren. Manche lieben es, einen ganzen Kalender zu erschaffen und das Bullet Journal mit viel Liebe zum Detail zu bekleben, zu bemalen und auszugestalten. Einzelne Tage lassen sich nicht nur mit entsprechenden To-do-Listen planen, man kann die Seiten auch für tagebuchartige Notizen, das Festhalten von Wetterlage und Temperatur oder eine Übersicht darüber nutzen, wie viele Stunden des Tages man für welche Aktivität aufgewendet hat. Auch Rezepte, Aktivitätspläne, Notizen, Einkaufslisten,

spontane Einfälle, Malereien, Urlaubs- oder Essenspläne finden Platz in deinem Bullet Journal. Du entscheidest, welche Rubriken du in dein Journal packst und welche nicht. Wichtig ist nur, alle Rubriken, die du dort anlegst, vorne im Inhaltsverzeichnis festzuhalten, damit du sie schnell wiederfindest.

Egal, ob man so viel Zeit und Liebe in sein Bullet Journal investiert oder ob man es lieber minimalistisch und zeitsparend halten möchte – der Clou der To-do-Listen in diesem Journal ist die Möglichkeit, mehr zu tun, als diese einfach nur abzuhaken.

Lege zu Beginn des Bullet Journals eine Legende an, mit der du deine To-do-Listen versiehst.

Sie könnte zum Beispiel so aussehen:

| | |
|---|---|
| [] | Aufgabe |
| O | Event |
| ^ | Verabredung |
| # | Notiz |
| ! | Deadline |
| ☆ | Wichtig |
| ? | Frage |
| ♡ | Inspiration |
| ◦ | Idee |
| ● | geschafft / vollständig erledigt |
| ◓ | angefangen / im Prozess |
| → | verschoben |
| x | gecancelt |

Mithilfe dieser Legende kannst du deine To-do-Listen noch effektiver nutzen und siehst sofort, in welche Kategorie deine Punkte fallen und ob du schon angefangen hast, sie abzuarbeiten, oder ob du sie erledigt, verschoben oder sogar gecancelt hast.

Bullet Journals sind vor allem für die Kreativlinge unter uns eine wunderbare Möglichkeit, sich auszuleben. Im Internet findest du zahlreiche Bilder von verschiedenen Bullet Journals, die dich inspirieren können.

# Verändere deine Gefühle durch Gedanken und Worte

Egal, ob negative Gedanken durch unseren Kopf rauschen oder in uns Gefühle wie Wut oder Trauer herrschen – all dies macht uns Stress. Was uns meist nicht bewusst ist: Gedanken, Taten und Gefühle bedingen sich gegenseitig. Wenn wir Liebeskummer haben, so sorgt dieses Gefühl der Trauer und des Verlustes dafür, dass wir uns auch gedanklich mit diesem Thema beschäftigen. Vielleicht denken wir immer wieder an das letzte Gespräch mit unserem Expartner oder an schöne gemeinsame Erinnerungen und Erlebnisse. Dabei sitzen wir eventuell vor einem Karton voller alter Fotos und Liebesbriefe, die wir durchblättern, und aus dem Player tönen schnulzige Lovesongs. Wir geben uns unserem Gefühl hin und handeln danach. Im Umkehrschluss bedeutet dies aber auch, dass wir nicht aus unserem Gefühl herauskommen können, wenn wir nicht anders denken und handeln. Wie soll das Gefühl schmerzhaften Liebeskummers aufhören, wenn wir uns Fotos von dem Verflossenen angucken oder ständig darüber nachdenken, was für eine schöne Zeit wir gemeinsam hatten? Erst wenn wir es schaffen, uns aufzuraffen, um eine Freundin anzurufen und uns mit dieser zu treffen, wird sich auch das Gefühl verändern. Jeder von uns kennt den Satz, dass es gut ist, etwas zu tun, „um auf andere Gedanken zu kommen“.

## JEDES GEFÜHL IST WICHTIG

Liebeskummer ist nur ein Beispiel, um das Wechselspiel zwischen Fühlen, Denken und Handeln aufzuzeigen. Alle Gefühle, die wir durchleben, sind wichtig und gehören zum Menschsein dazu. Wut, Trauer, Frust oder andere vermeintlich negative Gefühle zu unterdrücken und nicht auszuleben, ist ungesund und schädlich. Dies gilt auch für Liebeskummer, denn eine beendete Beziehung darf natürlich betrauert werden. Erst das Durchleben der Trauer macht es uns möglich weiterzugehen. Beim positiven Denken geht es also nicht darum, eine rosarote

Brille aufzusetzen und über alles, was sich mies anfühlt, Glitzer zu streuen. Aber es geht darum zu erkennen, dass negative Gefühle und Gedanken Stress erzeugen. Jeder, der schon einmal über einen langen Zeitraum von Wochen und Monaten unter starkem Liebeskummer gelitten hat, weiß, wie es ist, wenn man sich komplett zurückzieht, keine sozialen Kontakte mehr wahrnimmt, abmagert oder sich aus Trauer viele Pfunde anfuttert. Auch in Situationen, in denen die Trauer durchaus berechtigt ist, kann es nötig sein, irgendwann einen Schlussstrich zu ziehen und sich redlich darum zu bemühen, wieder ins Leben zurückzufinden.

## TÄGLICH GRÜSST DAS GRUMMEL-TIER

Doch noch viel öfter, eigentlich tagtäglich, begegnen uns negative, Stress erzeugende Gedanken in unserem Alltag. Da sind all die negativen Gedanken über uns selbst: „Ich bin zu dick“, „ich bin einfach zu blöd“, „ich krieg nichts hin“, „ich kann nichts“, „mir steht überhaupt nichts“, „mein Hintern ist fett“, „heute ist schon wieder ein bad hair day“ ... Und all die negativen Gedanken über andere Menschen, über die Welt, über die Zukunft.

Ist dir schon einmal aufgefallen, wie es abläuft, wenn sich zwei Menschen treffen und einander fragen, wie es dem anderen geht? Wie häufig hören wir ein Gespräch, in dem einer der Betroffenen in etwa antwortet: „Ach, na ja, es muss. Viel Stress auf der Arbeit momentan. Wir sind ja schon seit einem halben Jahr total unterbesetzt. Das ist echt unglaublich, was die sich in der Chefetage denken, und wir im Büro, wir müssen es natürlich ausbaden. Da fragt keiner, wie es uns geht und ob wir das hinbekommen. Na ja, aber bald ist ja Wochenende. Da fahren wir wahrscheinlich zu Peters Familie aufs Dorf. Das kann wieder was werden, das Schwiegermonster wartet wahrscheinlich nur darauf, mich wieder auf meine vermeintlichen Fehler aufmerksam zu machen. Die verzieht unseren Kleinen total! Ständig stopft sie ihn mit Süßigkeiten voll, und wir dürfen dann das Theater aushalten, das er macht, wenn wir ihm nicht geben, was er will."

Und was passiert, wenn einer der Gesprächspartner zu sagen hat, dass es ihm gut geht? Interessanterweise meistens nicht sehr viel. Selten hören wir Antworten wie: „Danke der Nachfrage, mir geht es fantastisch. Auf der Arbeit ist es momentan ziemlich ruhig, und mit meinen Kollegen zusammen habe ich immer eine Menge Spaß. Ich freue mich sogar jeden Tag darauf, zur Arbeit zu fahren. Im Urlaub waren wir ja auch erst kürzlich, das war so entspannend und wunderschön. Die Unterkunft war perfekt, und wir haben jeden Tag tolle Ausflüge unternommen. Alexander geht es auch gut, und zurzeit läuft es wirklich super mit uns."

Tatsächlich macht es oft den Anschein, als würden wir geradezu nach dem Schlechten und Negativen in unserem Leben suchen, um davon berichten zu können. Doch woran liegt das? Zum einen haben wir oft das Gefühl, es wirke eingebildet oder angeberisch, wenn wir von unseren Erfolgen und Freuden erzählen. Es ist gesellschaftlich viel anerkannter, zu jammern und unser Leid

Es ist leicht, immer über das Schlechte im Leben zu jammern, aber es sind die positiven Momente, die uns Kraft geben. Also genieße sie!

zu klagen. Wir erhalten dafür sogar Zuwendung in Form von Verständnis, Zuspruch und Mitgefühl. Oftmals haben wir sogar den Eindruck, wenn alles gut läuft, hätten wir einfach nichts zu erzählen. Denn wen interessiert schon unser vermeintlich langweiliges Geschwätz über unseren schönen Garten, das leckere Essen im Restaurant letzte Woche oder den Erfolg beim Joggen?

Von den ca. 65.000 Gedanken, die wir jeden Tag denken, sind gerade einmal 3–5 % aufbauend und positiv. Doch zum Glück können wir lernen, positiver auf das Leben zu blicken.

## SONNENTAGEBUCH

Beginne damit, dein Augenmerk von den scheinbar schlechten auf die schönen Augenblicke deines Lebens zu lenken. Eine ganz wunderbare Übung dazu ist es, ein sogenanntes „Sonnentagebuch" zu führen. Indem wir uns auf die Sonnenstrahlen, die unser Leben erhellen, fokussieren, verhelfen wir unserem Gehirn dazu, sich auf die Dauer umzustrukturieren.

## DATENBAHNEN IN UNSEREM GEHIRN

Neurobiologisch gesehen verändert sich unser Gehirn unser Leben lang, und wir können es – ähnlich wie einen Muskel – trainieren. Natürlich wird es dadurch nicht dicker und stärker, sondern es handelt sich um neuronale Strukturen, auf die wir Einfluss haben und die wir verändern können. Durch die Art, wie und was wir denken, wirken wir darauf ein, ob das Belohnungszentrum unseres Gehirns aktiviert wird oder unsere Amygdala, der sogenannte „Mandelkern", der für unsere Ängste verantwortlich ist und uns bei Bedarf in Alarmbereitschaft versetzt. Sehr stark vereinfacht und bildhaft erklärt könnte man sagen, dass durch unsere tagtäglichen Gedanken „Straßen" im Gehirn entstehen. Unsere Gedanken sind die Autos, die auf diesen Straßen fahren, und die Straßen führen in eine bestimmte Richtung. Denken wir regelmäßig negative, abwertende, ängstliche oder sorgenvolle Gedanken, so fahren immer mehr dieser Autos auf bestimmten Straßen in unserem Kopf. Aus einer anfänglichen Landstraße kann so schnell eine fünfspurige Autobahn werden. Sind unsere Straßen erst einmal sehr gut ausgebaut, fahren unsere Autos fast automatisch direkt auf diese Straße drauf und bis zu ihrem Ziel. Es entstehen quasi feste Gedankenmuster, die unser Denken bestimmen.

Doch unser Denken unterliegt auch unserem eigenen Einfluss. Auch wenn das nicht immer einfach ist – wir können unsere Gedanken erkennen, sie umformulieren und verändern. Um auf unser Beispiel mit den Autobah-

LENKE DEINE GEDANKENMUSTER IN POSITIVE BAHNEN

nen zurückzukommen: Jedes Mal, wenn wir einen Gedanken denken, der nicht dem bisherigen Muster entspricht, ist es, als würden wir aus einem der Autos aussteigen und über die Leitplanke klettern, um uns mit einer Machete einen neuen Weg durch den Dschungel zu schlagen. Anfangs kann das mühsam sein, aber schon bald wird aus diesem Trampelpfad ein Weg, eine neue Straße und irgendwann eine neue Autobahn.

In funktionellen MRT-Bildern (MRT = Magnetresonanztomografie) des Gehirns kann man diesen Prozess sichtbar machen. Danach dauert es ungefähr drei Monate an täglicher Praxis, um unsere Gedankenmuster dauerhaft zu verändern. Eine der Möglichkeiten für diesen Prozess ist unser bereits erwähntes Sonnentagebuch.

## DEIN SONNENTAGEBUCH FÜHREN

Finde ein schönes Buch oder Heft und einen Stift, mit dem du gerne schreibst. Setze dich jeden Abend für ein paar Minuten in Ruhe hin und lasse deinen Tag Revue passieren. Finde mindestens drei Dinge, die wie Sonnenstrahlen Licht in deinen Alltag geworfen haben.

Es muss nichts Großartiges sein, auch kleine Momente oder Dinge, die sehr angenehm waren, finden ihren Platz: der erste Kaffee am Morgen, ein schöner Schmetterling, der dir über den Weg geflogen ist, der Duft von Regen auf trockenem Boden, ein schönes Lied im Radio, das Paar Schuhe, das du schon vermisst hattest und beim Entrümpeln wiedergefunden hast, ein leckeres Mittagsessen usw. Schreibe drei dieser Sonnenstrahlen in dein Buch, wenn du magst auch gerne mehr.

Vielleicht wirst du bemerken, wie du zukünftig achtsamer durch deinen Tag gehst und vermehrt auf die schönen Momente in deinem Leben achtest.

Du kannst diese Übung auch nach deinen Bedürfnissen abwandeln. Um mehr Selbstbewusstsein und Selbstliebe zu etablieren, kannst du jeden Tag drei Ereignisse festhalten, bei denen du von Menschen gelobt, nett behandelt oder auch nur angelächelt worden bist. Vielleicht hat jemand liebe Worte an dich gerichtet, oder du hast Momente erlebt, in denen du sehen konntest, dass du etwas gut oder richtig gemacht hast und stolz auf dich sein kannst. Ganz unabhängig von dem, was du tagsüber erlebt hast, kannst du auch jeden Abend drei positive Dinge über dich selbst aufschreiben.

### GEFÜHLE FÜHLEN

Gefühle werden erst durch unsere Bewertung „schlimm". Versuche immer wieder, deine Gefühle zuzulassen, anstatt sie wegmachen zu wollen. Das heißt nicht, sich in sie hineinzusteigern, sondern sie einfach da sein zu lassen. Lege oder setze dich dazu ruhig hin und nimm ein paar tiefe Atemzüge bis in deinen Bauch hinein. Spüre die Emotionen in deinem Körper. Du darfst die Gefühle benennen, wie „ich bin tief traurig", „ich bin so wütend" oder „ich habe Angst". Versuche einfach, da zu sein und diese Gefühle zu fühlen, lasse sie wie Wellen durch dich hindurchfließen und über dich hinwegschwappen. Sage dir selbst: „Es ist okay, traurig zu sein." Oder: „Ich darf Angst haben." Lasse das Gefühl zu, ohne dass du es befeuerst.

# Lerne, richtig zu kommunizieren

Viele Stresssituationen entstehen in unserem täglichen Miteinander beziehungsweise durch die Kommunikation mit unseren Mitmenschen. Jeder kennt solche Situationen, in denen man sich falsch verstanden fühlt, eine Aussage vom Gegenüber falsch ankommt oder gar der Ton unangebracht ist. Oft ist es aber auch schon die Körperhaltung, die der Botschaft eine andere Bedeutung gibt, als es eigentlich gemeint ist. Schwierig ist auch die Nicht-Kommunikation, also dass etwas unausgesprochen bleibt oder die Person gegenüber Gedanken lesen soll bzw. doch eigentlich wissen sollte, wie wir fühlen/denken. Wenn wir lernen, einige Grundregeln der Kommunikation einzuhalten, lassen sich viele Stressmomente abmildern oder sogar vermeiden.

## ICH-BOTSCHAFTEN

Wir alle tun es und das ständig – wir reden davon, was man alles kann oder sollte: „So etwas macht man nicht", „Dabei fühlt man sich schlecht", „Davor hat man Angst". Immer wenn wir das Wörtchen „man" benutzen, verallgemeinern wir. Versuche, bei dir zu bleiben, und sprich in Ich-Botschaften: „So etwas tue ich nicht", „Dabei fühle ich mich schlecht" oder „Das macht mir Angst."

Versuche vor allem in Konfliktsituationen bei dir zu bleiben. Das hilft dem anderen, sich nicht angegriffen zu fühlen und in eine starke Verteidigungshaltung zu gehen. Sage anstelle „Du hast nie Zeit für mich" lieber: „Ich bekomme dann schnell das Gefühl, vernachlässigt zu werden."

Oder statt „Du unterstützt mich überhaupt nicht im Haushalt" sage: „Ich fühle mich überfordert mit all den Aufgaben, die ich im Haushalt habe."

## SAGEN, WAS ICH WILL

Anstatt aufzulisten, was du alles nicht willst, solltest du anfangen, klar zu formulieren, was du stattdessen möchtest. Statt „Ich will nicht schon wieder alles allein machen" sage: „Ich wünsche mir Unterstützung." Statt „Ich finde es ätzend, jeden Tag dafür verantwortlich

zu sein, dass wir etwas zu essen auf dem Tisch haben" äußere den Wunsch: „Ich will maximal dreimal in der Woche kochen".

## KLARE BOTSCHAFTEN SENDEN

Sprich klar aus, worum es dir geht und was du möchtest. Vermeide es, Dinge indirekt anzusprechen und indirekte Forderungen zu stellen wie: „Hier im Büro ist es aber kalt." Sage lieber: „Könntest du bitte so nett sein und das Fenster schließen."

## HÖRE AUFMERKSAM ZU

Auch wenn es banal klingt – es ist wichtig, dass du deinem Gesprächspartner aufmerksam zuhörst und auf das, was er sagt, Bezug nimmst. So fühlt er sich eher ernst genommen und besser verstanden.

## BESCHWERDEN ZU VORSCHLÄGEN MACHEN

Anstelle dich darüber aufzuregen, dass sich deine Freundinnen immer nur in Hamburg treffen, weil dort drei von vier wohnen, und du immer die Dumme bist, die weiter fahren muss, schlage vor, ob ihr euch nicht abwechselnd bei dir und bei einer der anderen drei treffen könnt, so dass jede von euch regelmäßig die weitere Strecke in Kauf nehmen muss. Wichtig ist, dass du es nicht als Forderung formulierst, sondern als Vorschlag oder gar als Bitte, so kann sich dein Gegenüber entscheiden und fühlt sich einbezogen.

## DER TON MACHT DIE MUSIK

Oder: Wie man in den Wald hineinruft, so schallt es heraus. Bemühe dich, freundlich zu sein. Freundlichkeit öffnet uns Türen. Es spricht nichts dagegen, in einer angemessenen Situation wütend zu sein und dies auch zu zeigen, aber so viel öfter sind wir im Alltag gereizt und reagieren unwirsch gegenüber Menschen, die uns nichts getan haben. Wenn wir die Verkäuferin freundlich danach fragen, wo neuerdings seit dem Umbau die

Marmelade steht, wird sie uns höchstwahrscheinlich ebenfalls freundlich begegnen. Wichtig ist allerdings, bei allem immer authentisch zu bleiben, so kann uns unser Gegenüber auch ernst nehmen.

## DANKESCHÖN

Mache es dir zur Gewohnheit, Dankbarkeit zu zeigen. Bedanke dich öfter einmal für etwas, das für dich getan wurde, oder etwas, was du eigentlich als selbstverständlich ansiehst. Wir alle sehnen uns nach Anerkennung, und niemand bricht sich einen Zacken aus der Krone, wenn er diese freimütig verschenkt. Bedanke dich außerdem dafür, wenn dir Lob und Anerkennung zuteilwerden, und versuche es nicht, mit Abwinken und Gegenargumenten außer Kraft zu setzen.

### SONNENÜBUNG

Nimm dir eine kurze Auszeit und tanke Kraft. Setze dich und atme mehrmals ruhig ein und aus. Dann stelle dir eine Sonne vor, die über deinem Kopf schwebt und ihre wohltuenden Strahlen durch deinen ganzen Körper schickt. Genieße die Strahlen so lange, wie du möchtest, und komme dann zurück ins Hier und Jetzt.

# Achtsamkeit kultivieren

Die heutige Achtsamkeitspraxis hat ihre Wurzeln im Buddhismus. Achtsamkeit bedeutet, ganz im Moment zu sein und wertungsfrei wahrzunehmen. Man könnte auch sagen, es geht um Akzeptanz. Es ist nicht nur eine besondere, ungewohnte Art der Aufmerksamkeit, sondern auch ein besonders klarer Bewusstseinszustand. Normalerweise leben wir nicht nur ständig in der Vergangenheit oder in der Zukunft, wir bewerten natürlicherweise auch alles, was wir wahrnehmen. Ein Geruch ist angenehm oder stinkt, wir schmecken etwas Leckeres oder Ekliges. Das Kleid, das unsere Freundin trägt, ist nicht einfach ein rotes Kleid, es ist schön, hässlich oder etwas unvorteilhaft. Es geht bei Achtsamkeit also um zwei sehr ungewohnte Dinge: zum einen darum, nicht darüber nachzudenken, was ich in der Vergangenheit erlebt habe oder was ich in der Zukunft noch zu tun habe, und zum anderen darum, nicht zu bewerten, ob das, was ich gerade erlebe, gut oder schlecht, schön oder unangenehm ist. Durch das Praktizieren von Achtsamkeit gelangen wir zu der Möglichkeit, das Hier und Jetzt wahrzunehmen und zuzulassen, ohne von den Geschehnissen emotional mitgerissen zu werden.

## MEHR ACHTSAMKEIT MIT MBSR

Ende der 70er-Jahre des 20. Jahrhunderts entwickelte Jon Kabat-Zinn von der University of Massachusetts das MBSR-Programm. MBSR ist die Abkürzung für „Mindfulness Based Stress Reduction", also „Stressbewältigung durch Achtsamkeit". In diesem achtwöchigen Kurs verbinden sich Techniken der Meditation, des Yoga und der buddhistischen Psychologie. Acht Wochen lang besucht man wöchentlich einen zweieinhalbstündigen Kurs, in dem spezielle Techniken geübt und Hintergrundinformationen vermittelt werden. Während der acht Wochen sind die Teilnehmer dazu angehalten, jeden Tag ihre erlernten Achtsamkeitsübungen zu praktizieren. Denn nur durch eine regelmäßige Praxis ist gewährleistet, dass wir es schaffen, auch in schwierigen und aufreibenden Lebenssituationen gelassener zu sein.

Doch auch unabhängig von dem sehr lohnenswerten MBSR-Kurs können wir Achtsamkeit immer und überall praktizieren. Sie hilft uns, Ruhe zu finden und uns von Ängsten, Nervosität und Stress zu befreien. Wir lernen, dass Gefühle von Glück und Zufriedenheit nicht mit äußeren Bedingungen zu tun haben, sondern aus uns selbst herauskommen. Studien weisen darauf hin, dass eine regelmäßige Achtsamkeitspraxis sowohl bei Depressionen als auch bei Ängsten, Nervosität, Süchten und sogar Schmerzen eine positive Wirkung hat.

## INSELN DER ACHTSAMKEIT SCHAFFEN

Am besten baust du immer wieder über den Tag verteilt kleine Achtsamkeitsübungen ein. Vielleicht stellst du dir dazu eine Handyerinnerung ein. Oder du trägst ein besonderes Schmuckstück, und immer, wenn du dir dieses Schmucks bewusst wirst, atmest du ein paarmal tief ein und beobachtest achtsam, was gerade um dich herum passiert.

Unsere fünf Sinne helfen uns, den Moment achtsam zu erleben. Du kannst dies jetzt sofort erfahren, indem du dieses Buch für einen Moment beiseitelegst und einfach darauf achtest, was du jetzt gerade siehst, hörst, fühlst, schmeckst und riechst.

## ACHTSAMKEIT IST FÜR DAS HIER UND JETZT

Im ersten Moment ist es ungewohnt, so intensiv auf unsere Umwelt zu achten, denn wir sind selten so präsent im Hier und Jetzt. Denke daran, dass der Baum, den du siehst, nicht „schön grün“ ist, der Bus, der vorbeifährt, keinen „Krach macht“ und der Geschmack auf deiner Zunge nicht „lecker“ ist. Denn damit wären wir sofort wieder in einer Bewertung. Zuerst einmal hat der Baum einfach nur grüne Blätter, der Bus macht ein brummendes, surrendes Geräusch, und der Geschmack auf unserer Zunge ist vielleicht süß, salzig, scharf oder erdig.

Ebenso können wir achtsam in unseren Körper hineinspüren. Wir spüren vielleicht den Boden unter unseren Fußsohlen, die harte Stuhllehne in unserem Rücken, die Kleidung auf unserer Haut. Oder wir spüren ein Ziehen im Bauch, ein Pochen im Zeh oder wie sich der Brustkorb bei jedem Atemzug senkt und wieder hebt.

Wenn du müde und erschöpft bist, versuche, dir zehn Minuten Zeit zu nehmen und dich mit einem deiner Sinne zu beschäftigen. Wenn dies dein Hörsinn ist, gehe zum Beispiel in den zehn Minuten umher, bleibe an verschiedenen Stellen kurz stehen, schließe die Augen und höre genau hin, was du wahrnimmst. Dann öffnest du die Augen und gehst ein Stück weiter.

Du kannst diese Übung mit all deinen Sinnen machen: umhergehen und bewusst wahrnehmen oder dir innerlich genau beschreiben, was du fühlst, wenn du die dich umgebenden Gegenstände oder Pflanzen berührst, was du siehst, was du riechst oder was du schmeckst.

Nimm dir zehn Minuten Zeit und spüre in deinen Körper hinein: Wo tut es weh, wo kitzelt es gerade oder wo sitzt eine Verspannung?!

## ACHTSAMKEITSÜBUNGEN

### ESSEN IN ACHTSAMKEIT

Setze dich mit deinem Essen an einen ruhigen Ort. Betrachte den vor dir stehenden Teller, sieh dir die einzelnen Speisen genau an: Welche Form haben sie? Welche Farben siehst du? Nimm den Geruch wahr, der von deinem Essen zu dir aufsteigt. Riecht es süßlich, salzig oder säuerlich? Spürst du Wärme von deiner Nahrung ausstrahlen oder Kälte?

Während du beginnst zu essen, spüre die Gabel in deiner Hand: Wie fühlt sich ihr glatter Griff an, wie ihr Gewicht? Achte auf deinen Mund, während du den ersten Bissen dorthin führst. Spürst du vermehrt Speichel fließen? Nimm bewusst das Verlangen wahr, den Mund zu öffnen, um dir das Essen einzuverleiben. Wie fühlt sich das Essen in deinem Mund an? Ist es weich, hart oder knackig? Welche Geschmäcker nimmst du wahr? Bemerke auch hier ganz bewusst den Drang zu schlucken und spüre, wie das zerkaute Essen langsam deine Speiseröhre hinunter in den Magen wandert.

### WÄSCHE AUFHÄNGEN

Sieh dir die Waschmaschine an, vor der du stehst. Nimm ihre Form wahr, ihre Farben. Drücke ganz bewusst die nötigen Knöpfe, um sie abzuschalten. Wie fühlt sich die Oberfläche an? Ist sie glatt oder rau, warm oder kühl? Öffne bewusst das Bullauge, höre die Geräusche, die dabei entstehen, spüre den Griff in deiner Hand, bemerke, welche Kraft nötig ist, um die Maschine zu öffnen. Werde dir des Geruchs bewusst, der aus der geöffneten Waschmaschine zu dir hochsteigt.

Hole nun die Wäsche aus der Trommel, und spüre die Feuchtigkeit, Kühle oder Wärme auf deiner Haut. Beim Aufhängen der Wäsche nimm die verschiedenen Fasern und Strukturen der Stoffe wahr, wie unterschiedlich schwer sie sich anfühlen, wenn du sie hochhebst. Achte dabei auch weiterhin auf die Gerüche, Geräusche und Farben, die du wahrnehmen kannst.

### ACHTSAMKEITS-ANKER SETZEN

Suche dir einen Anker aus, der dich zukünftig an Achtsamkeit erinnern soll. Dies könnte zum Beispiel eine Autohupe sein, eine Fahrradklingel, der Ruf eines bestimmten Vogels oder das Martinshorn. Immer wenn du dieses Geräusch hörst, versuch in einen Zustand der Achtsamkeit zu gelangen und nimm den Moment achtsam wahr. Wenn du die Übung noch ausweiten möchtest, setze dir einen festen Zeitrahmen für diese achtsamen Momente. Nimm dir zum Beispiel vor, genau fünf Minuten oder sogar zehn Minuten in Achtsamkeit zu verweilen sobald dein Anker ertönt.

# Lerne, Nein zu sagen

Gehörst du auch zu den Menschen, die immer wieder zu allen möglichen Dingen Ja sagen, im Nachhinein jedoch merken, dass sie sich damit selbst unter Druck setzen, Stress machen oder plötzlich in Situationen wiederfinden, denen sie sich nicht aussetzen wollten?

In diesem Kapitel war schon die Rede davon, wie wichtig es ist, dass du dir Zeit für dich selbst nimmst. Deine Zeit und Energie gehören dir, und nur du entscheidest, wofür, für wen und in was du diese investieren möchtest. Wir können nicht auf der einen Seite lernen, uns mehr Zeit für uns selbst zu nehmen und Selbstliebe zu praktizieren, und auf der anderen Seite ständig dafür sorgen, dass wir die Bedürfnisse all unserer Mitmenschen befriedigen.

## WAS WILL ICH, UND WAS NICHT?

Zuerst einmal solltest du dich fragen, was du eigentlich willst. Sieh dir noch einmal deine Tortendiagramme von deiner Tagesgestaltung an. Überlege, wie viel mehr Zeit und Energie du hättest, wenn du dich in erster Linie um dich kümmern würdest und nicht auch noch um andere Menschen, denen du in bestimmten Dingen gar nicht behilflich sein willst. Menschen zu helfen kann schön sein, aber oft vergessen wir uns darüber selbst.

Du hast das Recht, Nein zu sagen! Du bist wichtig, und deine Energie ist wertvoll und kein selbstverständliches Gut, an dem sich deine Mitmenschen bedienen können.

Bevor wir jedoch lernen können, uns abzugrenzen, ist es hilfreich zu verstehen, wieso wir überhaupt Schwierigkeiten damit haben. Vielleicht plagt dich Angst oder Sorge vor Ablehnung. Du fürchtest vielleicht, dass dein Gegenüber wütend oder enttäuscht sein könnte, wenn du Nein sagst. Hast du ein schlechtes Gewissen oder Schuldgefühle? Oder möchtest du nicht als Egoist oder Spielverderber dastehen? Nicht langweilig oder unfreundlich wirken? Eventuell sagst du auch aus reinem Selbstschutz Ja, damit du dich nicht erklären musst und man dich akzeptiert. Geprägt durch unsere Erziehung und Lebenserfahrungen sind wir voller Muster, die unser Verhalten beeinflussen. Wurde uns zum Beispiel beigebracht, dass wir anständig sein sollen, und bedeutete das, immer höflich zu sein, niemanden vor den Kopf zu stoßen und keine Widerworte zu geben, dann fällt es uns auch als erwachsener Mensch schwer, aus diesem Muster auszubrechen und zu lernen, dass es nichts mit Anstand zu tun hat, sich immer hintanzustellen und seine eigenen Bedürfnisse denen anderer unterzuordnen.

FRAGE DICH:

Wovor habe ich am meisten Angst, wenn ich jemandem etwas ausschlage oder etwas ablehne?

..........

..........

..........

Was befürchte ich, könnte passieren, wenn ich Nein sage? Wie könnte die Reaktion meines Gegenübers ausfallen?

..........

..........

..........

Haben wir erst einmal verstanden, wieso wir Schwierigkeiten mit dem Abgrenzen haben, geht es mit der eigentlichen Arbeit los. Egal, welche Muster uns prägen und wie wir erzogen wurden – wir sind Erwachsene und dürfen jetzt selbst Entscheidungen treffen und uns Dinge erlauben, die uns als Kinder vielleicht verboten wurden.

## VIELE WEGE, NEIN ZU SAGEN

Es gibt viele Wege, deinen Mitmenschen freundlich, aber bestimmt einen Gefallen abzuschlagen. Der für die meisten schwierigste Weg ist es, einfach klipp und klar zu sagen: „Nein, das kann ich nicht“ oder „Nein, das möchte ich nicht.“ Wenn dir diese Möglichkeit (noch) nicht liegt, gibt es eine Reihe anderer. Du kannst zum Beispiel vorgeben, etwas anderes zu tun zu haben eventuell auch auf später vertrösten: „Gerade passt es mir nicht so gut, vielleicht könnte ich das ein anderes Mal machen“. Du kannst auf Menschen verweisen, die diese Aufgabe an

**MIT DER ZEIT WIRD ES EINFACHER, NEIN ZU SAGEN**

deiner Stelle erledigen und Hilfe anbieten könnten: „Ich kann leider nicht mit dir shoppen gehen, aber frag doch mal Susi. Die hätte bestimmt total Lust und wird dich sicher gut beraten.“

Wenn dir das alles noch zu schwerfällt, kannst du dir zumindest etwas Bedenkzeit einräumen und sagen, dass du dir noch nicht sicher bist und gerne eine Nacht darüber schlafen möchtest. So vermeidest du auch, spontan etwas zuzusagen, über das du dich im Nachhinein ärgerst. Innerhalb deiner Bedenkzeit kannst du dir immer noch überlegen, wie du am besten aus der Geschichte herauskommst, und dein Gegenüber macht sich sicherlich schon mit dem Gedanken an die Möglichkeit vertraut, dass du absagst.

Wenn wir üben, Nein zu sagen, werden wir oft feststellen, dass unser Gegenüber gar nicht so negativ reagiert, wie wir es befürchtet haben. Außenstehende erleben uns meist als weitaus selbstbewusster und respektieren es, wenn wir klar zu dem stehen, was wir wollen oder eben nicht. Sollte die Person, die gerne etwas von dir möchte, wider Erwarten doch frustriert auf dein Nein reagieren, so führe dir immer vor Augen, dass dies nichts mit dir, sondern mit ihrem eigenen Frust zu tun hat. Du bist nicht für die Gefühle anderer verantwortlich und hast das Recht, Bitten auszuschlagen. In einer gesunden Freundschaft und Beziehung wird solch ein Groll nicht lange anhalten.

Alte Muster zu durchbrechen, ist ein langwieriger Prozess. Gib dir selbst Zeit und erkenne deine Erfolge an. Am besten übst du zuerst in kleineren Alltagssituationen, in denen es dir wahrscheinlich leichter fallen wird, dich abzugrenzen als gegenüber Freunden, Familie oder Arbeitskollegen. Sag Nein zu dem Herrn, der in der Fußgängerzone eine Unterschrift von dir haben möchte, oder zu der Person, die sich in der Kassenschlange einfach vordrängelt. Wichtig ist, diese kleinen Erfolge im Alltag zu bemerken und sich ins Bewusstsein zu rufen, denn auch die kleinen Erfolge zählen und bereiten dich auf die größeren vor.

Nimm dich und deine Bedürfnisse wichtig und sag ruhig mal zu etwas Nein, bei dem du weißt, du würdest es nur ungern tun.

# Höre auf deine Intuition

Viele erfolgreiche Menschen haben eines gemeinsam: Sie hören auf ihre Intuition. Doch in unserer heutigen geschäftigen Welt fällt es uns oftmals schwer, die Stimme unserer Intuition zu vernehmen. Wir alle besitzen Intuition, auch „Bauchgefühl" genannt. Verschiedenste Wege und Möglichkeiten helfen uns, ihr wieder mehr Raum zu schenken. „Detox your life" ist ein Weg, um Platz für unsere Intuition zu machen. Denn Multitasking oder permanente Beschäftigung mit unserem Handy etwa lenken uns von unserer Bauchstimme ab. Auch wenn unsere Intuition uns tagtäglich immer wieder

DEINE INTUITION SAGT DIR GENAU, WAS RICHTIG UND WAS FALSCH IST

Hinweise gibt und versucht, zu uns zu sprechen – wir sind einfach zu beschäftigt, um auf sie aufmerksam zu werden. Allein dadurch, dass wir unser Leben entrümpeln, einen Gang zurückschalten und uns wieder mehr Raum und Zeit für uns selbst nehmen, fördern wir unsere Intuition.

Mit Sicherheit hast du deine Intuition in deinem Leben schon mehrfach wahrgenommen. Diese Situationen, in denen du „ein mulmiges Gefühl" bei einer Sache hattest oder das Gefühl, etwas Bestimmtes tun zu wollen oder zu müssen, obwohl es keine rationalen Gründe dafür gab. Meistens geht es genau um dieses allererste Gefühl, das einsetzt, noch bevor unsere Gedanken angefangen haben, dazwischenzufunken und ihren eigenen Senf zu der Situation dazuzugeben.

Vielleicht spricht deine Intuition auch deutlich mit dir, indem sie dir Bauch-, Rücken- oder Kopfschmerzen sendet. Damit will sie dir vielleicht zeigen, dass du dich gerade überforderst, etwas tust, was du nicht möchtest oder dir nicht guttut, dass irgendetwas nicht richtig ist oder dir zu viel ist.

Übe dich darin, wieder auf solche Signale zu hören. Lausche darauf, was dein Körper dir sagen möchte. Es gibt bestimmt Situationen, in denen du nichts riskierst, wenn du dich auf dein Gefühl anstatt auf deinen Verstand verlässt. Solche Erfahrungen werden dich wieder mehr und mehr mit deinem zweiten „Gehirn", deinem Bauch, vertraut machen.

Achte allgemein wieder mehr auf die Dinge, die dein Körper dir im Alltag mitteilen möchte. Hast du Hunger, brauchst du Schlaf, Ruhe oder Bewegung? Lerne, diese Signale wieder wahrzunehmen und die Bedürfnisse deines Körpers zu befriedigen. Frage dich im Laufe des Tages immer wieder: Was brauche ich jetzt? Laufe nicht vor der Antwort weg, die du vielleicht hörst, denn gerade wenn wir unsere innere Stimme oft ignorieren, kann es unangenehm werden, erstmals wieder auf sie zu hören. Vielleicht steigen Gefühle auf, mit denen du nicht gerechnet hast. Hinter dem Verlangen nach Schokolade steckt vielleicht ein Gefühl von Traurigkeit und eigentlich das Bedürfnis nach Nähe, einer Umarmung oder einem Gespräch mit einer Freundin. Bewegungsdrang macht uns vielleicht darauf aufmerksam, dass wir innerlich nervös und angespannt sind. Egal, welche Botschaft dein Körper für dich hat – atme tief und bewusst ein und aus, versuche, sie anzunehmen, ohne sie zu be- oder verurteilen, und wenn du die Möglichkeit dazu hast, gib deinem Körper, wonach er sich sehnt. Um unsere Intuition zu hören, müssen wir wieder stiller werden. Wenn du dieses Buch bis hierher durchgearbeitet hast, wirst du deinen Körper wahrscheinlich mit gesunder Nahrung versorgen und ihn ausreichend bewegen, du wirst in einer ablenkungsärmeren und ordentlichen Umgebung leben und deinen Konsum an Waren genauso reduziert haben wie deinen Konsum an elektronischen Medien. Vielleicht hast du ein Stück weit zurückgefunden zu dem, was wirklich wichtig ist in deinem Leben. Du kannst Stille einkehren lassen, dich in Achtsamkeit üben und im Moment leben. Intuition braucht Stille, Einfachheit, Achtsamkeit und Aufmerksamkeit.

## MEDITATION

Eine weitere Methode, unsere Intuition zu fördern, ist regelmäßige Meditation. Meine goldenen Regeln für Meditation sind:

- **Tue es einfach**
  Meditiere, tue es einfach. Höre auf, dir Ausreden einfallen zu lassen. Wir alle haben zu viel Stress, zu wenig Raum und zu wenig Ruhe. Wir nehmen uns vor, am nächsten Morgen zu meditieren, verschieben es auf „nach der Arbeit", auf die Zeit vor dem Zubettgehen und wieder auf den nächsten Tag. Unser innerer Schweinehund ist um keinerlei Ausreden verlegen. Stop it! Und wenn es nur fünf Minuten am Tag sind – du findest sie. Vielleicht würdest du in dieser Zeit eine Zigarette rauchen, in einer Zeitschrift blättern oder dir eine Seifenoper im Fernsehen ansehen. Wir haben die Zeit zu meditieren, wir müssen sie uns nur nehmen.

- **Es ist keine Magie**
  Oft haben wir eine falsche Vorstellung davon, was Meditation ist und wie wir uns währenddessen fühlen müssten. Wirf all deine Vorstellungen über Bord und sei gewiss, dass es vollkommen in Ordnung ist, während einer Meditation zu denken, rauszukommen und immer wieder einmal abgelenkt zu sein. Höre nicht auf zu meditieren, nur weil du das Gefühl hast: „Ich kann das nicht." Wie alle Dinge, die neu für uns sind, gilt es auch das Meditieren zu üben – am besten regelmäßig. Bleibe also dran und habe ein bisschen Geduld.

- **Technische Helfer**
  Nutze das Internet, Videos, DVDs oder CDs als Helfer und Begleiter. Eine wundervolle technische Unterstützung bieten heute vielfältige Meditations-Apps, zum Beispiel die „7-Mind"-App. Sie ist kostenlos und bietet einen Achtsamkeitskurs mit geleiteten täglichen Meditationen, die nur sieben Minuten lang sind. Sieben Minuten, das schaffst du!

- **Setze dir Ziele**
  Sich vorzunehmen, von nun an für den Rest seines Lebens fleißig zu meditieren, erscheint groß und vielleicht unerreichbar. Setze dir stattdessen lieber kleine, realistische Ziele. Versuche eine Woche oder einen Monat lang, täglich eine bestimmte Zeit zu meditieren. Markiere dir dein Vorhaben im Kalender oder setze dir Erinnerungen in deinem Handy. Lege ein Meditationsjournal für diese Zeit an, in dem du deine Erfahrungen festhältst.

- **Schaffe Raum**
  Finde einen Platz in deinem Heim, an dem du dich zum Meditieren zurückziehen kannst. Immer den gleichen Ort dafür aufzusuchen, schafft ein Ritual, das uns hilft, unseren Geist zur Ruhe kommen zu lassen und uns auf die Meditation einzulassen.

- **Finde Verbündete**
  Gemeinsam sind wir stark! Finde Verbündete, ob online oder im realen Leben. Tauscht euch aus und motiviert euch gegenseitig. Ihr könnt euch täglich kurzschließen, ob ihr es geschafft habt zu meditieren, euch gut zureden, wenn jemand einen schlechten Tag hatte, und natürlich eure Erfahrungen austauschen. Auch gemeinsames Meditieren kann eine tolle Erfahrung sein, sowohl getrennt voneinander in Absprache zum gleichen Zeitpunkt als auch von Angesicht zu Angesicht.

Es gibt viele verschiedene Arten der Meditation: von Meditationen, in denen mit Gesang, Mantras oder bestimmten Worten – wie dem berühmten „Om“ – gearbeitet wird, über geführte Meditationen durch innere Bilderwelten bis hin zu Meditationen mit Musik oder Trommelrhythmen, sitzend, liegend, wippend oder sogar durch den Raum tanzend oder sich schüttelnd.

Experimentiere einfach mit verschiedensten Methoden, bis du deine Lieblingstechnik gefunden hast. Das Internet und auch YouTube sind eine Fundgrube an Techniken, darüber hinaus gibt es zahlreiche Bücher rund um das Thema „Meditation".

## EINFACHE ATEMMEDITATION

Sorge dafür, dass du ungestört bist, und setze dir einen Timer auf fünf Minuten. Setze oder lege dich bequem hin, und schließe die Augen. Atme ein paarmal tief in den Bauch ein und aus. Versuche alle aufkommenden Gedanken wie Wolken am Himmel weiterziehen zu lassen und gehe mit deiner Achtsamkeit zu deinem Atem. Bemerke, wie du ein- und ausatmest. Spüre, wie dein Bauch sich dabei hebt und senkt, wie Luft in deine Nase hineinströmt und durch deinen Mund wieder hinausströmt. Immer wenn du abschweifst, komme einfach wieder zurück zu deinem Atem. Mehr brauchst du nicht zu tun. Es wird Tage geben, an denen dir diese Meditation leichtfällt, genauso wie Tage, an denen du sie kaum aushältst. Verlängere die Zeit nach Belieben.

Meditation klärt unseren Geist und verhilft uns zu einem neuen Gefühl von Freiheit.

# Toxische Beziehungen erkennen und beenden

Als Menschen sind wir soziale Wesen, wir brauchen gesunde und stabile Beziehungen, um uns wohl und glücklich zu fühlen. Egal, ob Familie, Freundschaft oder romantische Verbindungen – es tut uns gut, nicht allein zu sein und von anderen Menschen Unterstützung, Liebe und Verständnis zu empfangen. Gesunde Beziehungen sind geprägt von einem ausgeglichenen Verhältnis von Geben und Nehmen. Wir teilen miteinander Freude und Leid, können zusammen lachen und Spaß haben, erhalten jedoch den nötigen Rückhalt in schwierigen Situationen, in denen es uns nicht gut geht oder wir in Not sind. Doch manchmal führen wir Beziehungen zu Menschen, die nicht von Liebe und Respekt geprägt sind, sondern die uns schwächen und auszehren, sogenannte „toxische" Beziehungen.

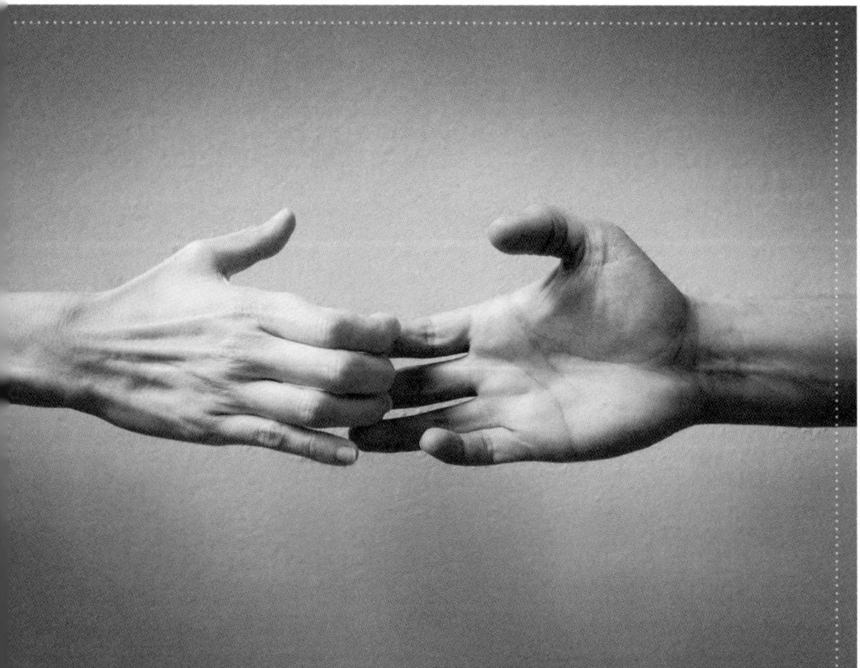

Manchmal ist es an der Zeit, dass man Menschen, die einem nicht mehr guttun, gehen lässt.

## WORAN ERKENNE ICH EINE TOXISCHE BEZIEHUNG?

Überlege dir, welche fünf Menschen dir am nächsten stehen. Tragen diese Menschen zu deinem Wohlbefinden bei, oder hast du das Gefühl, dass es jemanden unter ihnen gibt, der dein emotionales Gleichgewicht immer wieder ins Schwanken bringt? Wenn ihr zusammen seid, ist diese Zeit geprägt von schönen Momenten, einem Gefühl von Intimität, Vertrauen und Verständnis, oder entstehen immer wieder Gefühle von Ärger, Stress und Angst? Hast du das Gefühl, du kannst gegenüber jedem dieser Menschen so sein, wie du bist? Kannst du authentisch sein, sagen, was du denkst, deine Meinung offen vertreten und sogar Kritik üben, oder hast du eher das Gefühl, in deiner Freiheit eingeschränkt zu sein? Hast du Angst, etwas Falsches zu sagen, und musst aufpassen, dass dein Gegenüber nicht wütend wird oder mit Unverständnis, Eifersucht oder Zorn reagiert?

Toxische Beziehungen können in vielerlei Gewändern auftreten. Allen gemein ist, dass sie dich nicht stärken, sondern an deinen Kräften zehren. Natürlich gibt es in jeder zwischenmenschlichen Beziehung Höhen und Tiefen. Es gibt Zeiten von Konflikten, Streit und Meinungsverschiedenheiten. Toxische Beziehungen sind davon geprägt, sich in einem Dauerzustand des Ungleichgewichts zu befinden. Im Folgenden einige Muster, an denen du solche Verbindungen erkennen kannst:

## MISSGUNST & NEID

Es gibt Menschen, die dir ständig etwas neiden und eifersüchtig auf dich sind. Vielleicht hast du eine Freundin oder eine Schwester, bei der du das Gefühl hast, dass sie sich nie für dich freut. Statt deine Erfolge mit dir zu feiern, hat sie immer etwas auszusetzen, sie macht dich klein und sucht nach Kritikpunkten, um deinen Erfolg zu schmälern. Wenn sie sich für dich freut, wirkt es oft heuchlerisch und nicht von Herzen kommend. Sie vergleicht sich ständig mit dir und befindet sich in einem permanenten Konkurrenzkampf. Oft sind solche Personen von einem mangelnden Selbstwertgefühl getrieben, sie vergleichen sich mit dir und können es nur schwer ertragen, wenn dir etwas Gutes widerfährt.

## EIFERSUCHT

Ein Gefühl von Eifersucht muss nicht gleich krankhaft oder toxisch sein. Aber wenn du in einer Beziehung steckst, in der dein Gegenüber krankhaft eifersüchtig ist, befindest du dich in einer toxischen Beziehung. Eifersucht kann in jeder zwischenmenschlichen Beziehung vorkommen. Ich hatte eine Freundin, die jedes Mal sehr eifersüchtig reagierte, wenn ich mich mit einer anderen Freundin traf. Sie dagegen verabredete sich sogar hinter

**LASS DIE MENSCHEN GEHEN,
DIE DIR NICHT GUT TUN**

meinem Rücken mit Freundinnen von mir, mit denen sie gar nichts zu tun hatte und von denen sie den Eindruck hatte, sie ständen mir sehr nahe. Spioniert dir dein Partner oder eine Freundin hinterher? Oder bringt er oder sie dir Vertrauen entgegen? Macht er oder sie dir ständig haltlose Vorwürfe und unterstellt dir Dinge, die du nie getan hast? Kannst du dein Handy gedankenlos herumliegen lassen, oder musst du Sorge haben, dass dein Partner es nimmt, um deine Nachrichtenverläufe zu lesen? Kannst du unbefangen von Treffen mit anderen Menschen berichten, oder musst du dann mit der Missgunst deines Gegenübers rechnen?

## EGOZENTRIKER

Vielleicht kennst du einen Menschen, der sich immer nur um sich selbst dreht. Der das Konzept, an erster Stelle zu stehen, irgendwie missverstanden hat. Der gesunden Egoismus mit Egozentrik verwechselt. Solche Menschen reden am liebsten ständig von sich selbst und interessieren sich weniger dafür, wie es uns eigentlich geht. Sie heißen es gut, wenn wir ihre Meinung vertreten, eine andere Meinung jedoch fassen sie schnell als Angriff gegen sich auf. Sie interpretieren Situationen oft ganz anders, als sie gemeint sind, und fühlen sich leicht tief verletzt. Sie empfinden es womöglich als Zurückweisung, wenn wir nicht so handeln, wie sie es sich wünschen, wenn wir Zeit mit anderen verbringen oder zum Beispiel eine Einladung nicht wahrnehmen können. Häufig können solche Menschen Fehler nicht verzeihen und sind sehr nachtragend. Auch nach Jahren noch kommen sie nicht aus ihrer Verletzung heraus und werfen uns einen bestimmten Vorfall immer wieder vor.

## KRITIKER

Ein gesundes Maß an Kritik sollten wir uns von jedem Menschen, mit dem wir in einer Beziehung stehen, wünschen. Eine zweite Meinung von jemandem einzuholen, der nicht in der eigenen Haut steckt, kann sehr wichtig sein. Ebenso ist es wertvoll, den Blickwinkel eines anderen kennenzulernen oder auch eigenes Fehlverhalten respektvoll gespiegelt zu bekommen. Toxisch wird es, wenn mein Gegenüber mir das Gefühl gibt, nichts richtig machen zu können. Wenn ich ständig für alles, was ich tue, kritisiert werde und immerzu klein- und niedergemacht werde.

## NEGATIVISTEN

Manchmal äußert sich eine toxische Beziehung einfach darin, dass uns Menschen als seelische Mülleimer benutzen, die immer alles negativ sehen. Schon bei dem Gedanken an ein Treffen mit solchen Menschen fühlen wir uns meist müde und ausgelaugt, denn während des Beisammenseins wird in einem Fort gejammert – über Gott und die Welt und darüber, wie schlecht und ungerecht alles ist. Meistens geht es diesen Menschen nicht darum, wirklich Hilfe zu bekommen, sondern sie wollen sich einfach nur ausheulen und Dampf ablassen. Ein Drama reiht sich an das nächste, aber unser gut gemeinter Rat will weder gehört noch befolgt werden. Es ist hier keine Lösung gefragt, im Vordergrund steht allein das Bedürfnis, sich mitzuteilen.

## MANIPULATOREN

Es gibt Menschen, die geborene Manipulatoren sind. Für sie bist du ein gefundenes Fressen, wenn du zu denen gehörst, die Konfrontationen meiden, es gut mit anderen meinen, gerne viel geben, für andere tun und machen und große Schwierigkeiten damit haben, Nein zu sagen und sich abzugrenzen. Manipulatoren schaffen es, dass du dich schnell schuldig fühlst und ein schlechtes Gewissen hast. Oder sie quälen dich so sehr mit ihrer wütenden, kühlen oder abweisenden Art, dass du alles tust, damit sie wieder freundlich und lieb zu dir sind – auch in Situationen, in denen du eigentlich jedes Recht dazu hättest, wütend auf sie zu sein und eine Entschuldigung von ihnen zu verlangen.

Warnzeichen dafür, in einer toxischen Beziehung festzustecken, können sein:

- Du hast das Gefühl, deine eigene Meinung nicht äußern zu dürfen.
- Du lebst hinsichtlich der betreffenden Person in ständiger Angst, etwas falsch zu machen, und überlegst vor allen Handlungen und Äußerungen genau, welche Reaktionen sie bei deinem Gegenüber auslösen könnten.
- Bei dem Gedanken daran, dich mit der Person zu treffen, kommen negative Gefühle in dir hoch. Du verspürst innere Unruhe, Angst, Unlust, Anspannung oder Kraftlosigkeit.
- Du hast gegenüber der Person nicht das Gefühl, authentisch sein zu können, wachsen zu dürfen und dein Leben entfalten zu können. Du fühlst dich von dieser Person nicht angenommen und wertgeschätzt, so wie du bist.

- Du erfährst in der Beziehung mehr Kritik als Bestärkung.
- Du erlebst keine oder kaum noch schöne Momente mit der Person zusammen.
- Nach euren Zusammenkünften fühlst du dich ausgelaugt, müde oder kraftlos. Vielleicht plagen dich vor, während oder nach dem Treffen Kopfschmerzen, Bauchschmerzen oder Übelkeit.
- Du spürst in der Beziehung kein Vertrauen oder fühlst dich nicht unterstützt.
- Du vernachlässigst für die Person deine Hobbys und Interessen.
- Du bemerkst, dass du dich gegenüber anderen immer wieder über diese Person ausweinst oder sogar hinter ihrem Rücken über sie lästerst, um dich auszukotzen, deinen Frust loszulassen, den du ihr gegenüber nicht offen zeigen kannst, und dir Rückendeckung und Zuspruch von anderen zu holen.

Eine toxische Beziehung gehen zu lassen, schafft neuen Freiraum und fühlt sich wie ein Neuanfang an.

## BEZIEHUNGEN BEENDEN

Eine Beziehung zu beenden, ist für die meisten Menschen eine große Herausforderung, da uns Trennung und Abschied mit tief in uns liegenden Ängsten konfrontieren können. Jeder von uns hat Muster, die Einfluss darauf haben, wie und ob wir zwischenmenschliche Beziehungen eingehen, leben und beenden. Wenn du in einer toxischen Beziehung feststeckst und diese noch nicht beendet hast, liegt der Schluss nahe, dass dir eben diese Beendigung schwerzufallen scheint. Warum sonst solltest du eine Beziehung fortführen, die dir mehr Kummer als Freude bereitet?

Finde heraus, wieso du diese Beziehung aufrechterhältst.

### FRAGE DICH:

Wovor fürchte ich mich, wenn ich diese Beziehung beende?

Nimm dir Zeit, um dich – mit einem Stift bewaffnet – in Ruhe hinzusetzen, und frage dich selbst, welches deine schlimmsten Befürchtungen sind, wenn du diese Beziehung abbrechen würdest. Vielleicht rechnest du damit, dass die Person sehr wütend reagiert. Dass sie verbal oder sogar körperlich aggressiv dir gegenüber werden könnte. Oder hast du generell Angst vor der Reaktion deines Gegenübers? Wie sieht diese Angst aus? Was könnte schlimmstenfalls passieren? Könnte die Person traurig werden, weinen, dir Vorwürfe machen, lachen, dich einfach ignorieren, sich umdrehen und wortlos gehen?

## MACHE DIR DEINE ÄNGSTE BEWUSST

Gehe noch tiefer und stelle dir vor, dass du die Beziehung erfolgreich beendet hast und die Person nicht mehr in deinem Leben ist. Welche Ängste tauchen nun auf? Vielleicht die Angst davor, einsam zu sein. Oft haben wir auch das Gefühl, in einer destruktiven Beziehung festzustecken, sei besser und sicherer, als gar keine Beziehung zu haben. Möglicherweise glaubst du, dass du es nicht

**HALTE NICHT AN ETWAS FEST, DAS SICH NICHT GUT ANFÜHLT**

besser verdient hast oder es nicht wert bist, eine glückliche Beziehung zu führen, weil du so wenig liebenswürdig bist. Oder ängstigt es dich, keine Freunde zu haben, große familiäre Konflikte auszulösen, durch die Trennung von deinem Partner deinen ganzen Freundeskreis zu verlieren oder dir die Situation am Arbeitsplatz zu erschweren, weil die toxische Beziehung dort zu finden ist?

Werde dir deiner Ängste bewusst und frage dich dann, wie realistisch sie sind. Bei vielen wirst du erkennen können: Es ist nur eine Angst! Ängste fühlen sich oft existenziell, bedrohlich und dramatisch an, wahre Horrorszenarien können damit einhergehen. Oft jedoch sind Ängste eben nur das: starke Emotionen, die nicht unbedingt etwas mit der Realität zu tun haben.

Wenn es Beziehungen gibt, die du aufgrund der Umstände – zum Beispiel der Situation am Arbeitsplatz – nicht einfach komplett beenden kannst, versuche, den Kontakt auf ein Minimum zu reduzieren. Beschränke dich auf dienstliche Unterhaltungen, vermeide es, Privates von dir zu erzählen, und versuche, dich so gut wie möglich abzugrenzen.

## VOM UMGANG MIT DER FAMILIE

Gerade auch in familiären Situationen kann es schwer sein, sich aus destruktiven und toxischen Beziehungen herauszulösen. Überlege, ob ein kompletter Kontaktabbruch für dich wirklich infrage kommt oder ob es dir bereits helfen würde, den Kontakt auf ein Minimum zu beschränken. Auch eine Kontaktstille auf Zeit ist möglich. Während wir unsere Lebenspartner und unsere Freundschaften selbst wählen, können wir uns Eltern,

**NIMM DICH SELBST WICHTIG GENUG UND TU, WAS DIR GUTTUT**

Geschwister und andere Verwandte nicht aussuchen. Toxische Beziehungen in diesem Bereich sind oft sehr tiefgreifend und manchmal von Kindheit an prägend. Überlege dir, ob du an der Beziehung arbeiten willst und ob dein Gegenüber ebenfalls dazu bereit ist. Manchmal ist es jedoch auch im familiären Rahmen dringend nötig, sich aus Gründen des Selbstschutzes zurückzuziehen und Beziehungen zu beenden.

## ES GEHT UM DICH

Es gibt sicherlich keinen angenehmen Weg, um Beziehungen jeglicher Art zu beenden. Oftmals ziehen wir deshalb keinen Schlussstrich, weil wir den anderen nicht verlet-

zen wollen. Doch wenn du in einer toxischen Beziehung steckst, bist du der Mensch, der leidet. Es geht darum zu lernen und im Bewusstsein zu haben, dass du das Recht darauf hast, gut behandelt zu werden. Du bist es wert, geliebt zu werden, und du verdienst ausgeglichene, bereichernde Beziehungen. Mache dir bewusst, dass du der wichtigste Mensch in deinem Leben bist!

### AUF ABSTAND GEHEN

Wenn du es nicht sofort schaffst, dich aus einer solch destruktiven Beziehung zu befreien, versuche, so gut wie möglich auf Abstand zu gehen. Achte darauf, jegliche Interaktion zwischen euch auf ein Minimum zu reduzieren. Bist du so mutig, dann schenke deinem Gegenüber reinen Wein ein. Höchstwahrscheinlich wird der oder die Betroffene keine Einsicht zeigen. Aber es kann hilfreich für ihn oder sie sein, Gründe für deine Entscheidung zu kennen. Vielleicht kannst du Gegebenheiten aus eurer Beziehung benennen, die beispielhaft für das toxische Verhalten sind. Oder du erklärst, wie du dich mittlerweile in der Beziehung oder Freundschaft fühlst.

## EINE TRENNUNG TUT WEH, ABER ES WIRD BESSER

Versuche, standhaft zu bleiben und jegliche Bindungen wirklich zu kappen. Die Trennung tut wahrscheinlich nicht nur der betroffenen Person, sondern auch dir weh. Erlaube dir, um die Freundschaft oder Partnerschaft zu trauern, um all das, was euch einst verbunden hat. Aber achte darauf, dich weder erneut einwickeln zu lassen, noch dich von dem gekränkten Stolz oder der Wut deines Gegenübers verletzen zu lassen.

Egal, ob es um familiäre, platonische oder romantische Beziehungen geht – manchmal sind die Verletzungen oder gar der seelische oder körperliche Missbrauch, den wir durch andere erfahren haben, so ernsthaft und schwerwiegend, dass wir professionelle Hilfe in Anspruch nehmen sollten. Psychotherapeutisch arbeitende Menschen haben viele Erfahrungen mit Betroffenen von Missbrauchsbeziehungen. Hier findest du Unterstützung und Halt, um deine Beziehung aufzuarbeiten und mit dem Trennungsschmerz fertigzuwerden. Darüber hinaus kann der Austausch mit anderen Betroffenen in Selbsthilfegruppen oder diversen Internetforen hilfreich sein.

Seinen Weg wieder allein zu gehen, heißt, nicht allein zu sein. Es treten immer wieder neue Menschen in unser Leben, die uns ein Stück begleiten.

# Du verdienst einen Job, den du liebst!

Stehst du morgens gerne auf und freust dich schon auf den Tag? Genießt du es, auf der Arbeit zu sein, Zeit mit deinen Kollegen zu verbringen und zu tun, was du tust? Oder zählst du jeden Tag die Stunden bis zum Feierabend, die Tage bis zum Wochenende und die Wochen bis zum nächsten Urlaub?

Ein Großteil der Bevölkerung ist unzufrieden mit seinem Beruf – und das, obwohl wir eine Menge Zeit mit unserer Arbeit verbringen. Wie konnte das überhaupt passieren? Wieso tun wir nicht etwas, das wir lieben? Und falls wir unglücklich in unserem Job sind: Was hindert uns daran, das zu ändern?

## LEBE DEINE TRÄUME!

Als Kind wissen wir zumeist noch ziemlich genau, was wir später einmal werden wollen. Noch hat uns niemand gesagt, welche Möglichkeiten uns offen stehen, bzw. uns eingeredet, dass unsere Möglichkeiten begrenzt wären. Wir träumen noch groß und glauben, dass alles möglich ist. Doch mit zunehmendem Alter verlieren wir oft aus dem Blick, was wir wirklich wollen. Lehrer, Eltern, Verwandte und andere erwachsene Menschen erklären uns die Welt und vermitteln uns somit ihr eigenes Weltbild, und wir versuchen, diesem Wunschbild zu entsprechen. Ehe du dich versiehst, lernst du einen Beruf, zu dem man dir geraten hat, der als wirtschaftlich rentabel und sicher gilt. Vielleicht etwas Bodenständiges, etwas mit Tradition oder etwas Akademisches mit Aussicht auf gute Karrierechancen.

Während einige auf diesem Weg ihre Erfüllung finden, scheint die Mehrheit jedoch unzufrieden zu sein. Unser Beruf sollte nicht nur nötiges Übel und

### RÜCKBLICK AUF DEIN LEBEN

Stelle dir vor, du blickst mit 80 Jahren auf dein bisheriges Leben zurück. Was wünschst du dir zu sehen? Womit möchtest du Zeit verbracht haben? Wer und was soll dir wichtig gewesen sein? Wie sahen deine Tage aus, womit hast du dein Geld verdient und in was hast du deine Energie investiert?

Mittel zum Zweck sein, um unsere Rechnungen zu bezahlen, sondern uns Freude und Erfüllung schenken.

Es ist leicht festzustellen, ob wir zufrieden mit unserem Arbeitsleben sind oder nicht. Viel schwieriger scheint es für uns zu sein, etwas an dieser Situation zu verändern, auch wenn wir uns dies wünschen. Meist hat dies mit tief in uns sitzenden Ängsten und Selbstzweifeln zu tun. Frage dich ehrlich: Wovor habe ich Angst? Glaubst du vielleicht, keinen Job zu finden, der zu dir passt? Dass du nicht qualifiziert genug für eine andere Stelle bist? Dass es sowieso keine freien Arbeitsstellen gibt? Dass du keinen besseren Job verdienst? Dass du verarmen könntest,

FRAGE DICH, WO DU IN DEINEM LEBEN HIN WILLST

du deine laufenden Kosten, Kredite und Co. nicht mehr bezahlen kannst?

Unsere Ängste gründen auf Glaubenssätzen. Glaubenssätze sind tief sitzende Überzeugungen, Dinge, die wir aufgrund unserer bisherigen Lebenserfahrungen und unserer Erziehung für wahr halten. An sich sind Glaubenssätze nichts Schlechtes, negative Glaubenssätze hindern uns jedoch daran vorwärtszukommen und können Ängste schüren. Typische negative Glaubenssätze könnten in diesem Zusammenhang lauten:

- „Ich bin zu blöd für einen anderen Job."
- „Mich stellt sowieso niemand ein."
- „Man kann in meinem Berufsfeld nicht erfolgreich werden und viel Geld verdienen."
- „Ich bin zu alt, um noch einmal etwas anderes zu lernen."
- „Ich kann es mir nicht leisten, mich umzuorientieren."

Auch Veränderung kann Angst machen. Wie heißt es so schön: Der Mensch ist ein Gewohnheitstier. Daher macht uns Neues oft Angst, denn es zwingt uns dazu, aus unserer Komfortzone herauszutreten. Manchmal ist es beruhigender und einfacher, in einem unbefriedigenden, blöden Job festzuhängen, als eine neue Stelle anzutreten und sich damit auf neue Tätigkeiten, neue Aufgabenbereiche und ein neues Arbeitsumfeld mit neuen Kollegen und neuem Chef umstellen zu müssen. Alles, was neu ist, fühlt sich schnell unangenehm, ungewohnt und beängstigend an. Wir können die Situation nicht genau einschätzen, haben nicht alles im Blick und verlieren dadurch an Sicherheitsgefühl.

## SEI MUTIG!

Stelle dich diesen Ängsten und verlasse deine Komfortzone. Nur dadurch verliert das Unbekannte seinen Schrecken, und du kannst die positive Erfahrung machen, Neues zu meistern. Es wird nicht lange dauern, bis sich Neues vertraut anfühlt. Wenn du deine negativen Glaubenssätze kennst, die hinter deinen Ängsten stecken, kannst du sie verändern. Du kannst neue Glaubenssätze formulieren. Zum Beispiel:

**Alter Glaubenssatz:** „Mich stellt sowieso niemand ein."
**Neuer Glaubenssatz:** „Irgendwo wartet die perfekte Stelle auf mich."
**Alter Glaubenssatz:** „Ich bin zu alt, um noch einmal etwas anderes zu lernen."
**Neuer Glaubenssatz:** „Es ist nie zu spät, noch einmal etwas ganz Neues zu wagen."

Wichtig ist im nächsten Schritt, auch nach den neuen Glaubenssätzen zu leben und zu handeln, denn so kannst du sie vom Kopf ins Erleben und ins Gefühl bringen. Ärgere dich nicht, wenn dir dies schwerfällt und du einige Versuche brauchst. Glaubenssätze, die wir schon Jahre oder sogar Jahrzehnte in uns tragen, legen wir nicht von einem auf den anderen Tag ab.

RESUME
Name
Birth Date
Address
Phone number
ID Number
Gender
Email
Social Security Number
married, divorced, others
Education
Achievements
Professional Experience
Additional Skills

## WAS MACHT MICH GLÜCKLICH?

Festzustellen, dass wir unglücklich mit unserem Job sind, ist das eine. Etwas anderes ist es zu wissen, was wir wirklich wollen. So findest du es heraus:

- Für welche Dinge und Themengebiete hast du dich vielleicht früher oder schon immer interessiert?
- Wo liegen deine Stärken? Welche Talente hast du? Schreibe eine Liste!
- Was erfüllt dich mit Freude und Leidenschaft? Hast du Hobbys, denen du gerne nachgehst?
- Gibt es Berufe oder Praktika in deiner Vergangenheit, die dir Spaß gemacht haben?
- Was wolltest du als Kind werden, wenn du groß bist?
- Stelle dir vor, du würdest ein bedingungsloses Grundeinkommen erhalten und könntest machen, was du willst. Wie sähe dein Tag aus? Womit würdest du deine Zeit verbringen? Welchen Tätigkeiten oder welchem Beruf würdest du nachgehen?
- Wie sähe dein Leben aus, wenn du keinen Beschränkungen unterworfen wärst? Wenn es keine Ängste gäbe, die dich zurückhalten, und du so viel Geld hättest, wie du möchtest? Alles stünde dir zur Verfügung, und du könnest jeden Beruf ergreifen, der dich anspricht.
- Was möchtest du in deinem Leben und auf dieser Welt bewirken? Macht es dir zum Beispiel Freude, dich um andere zu kümmern? Möchtest du die Welt ein Stückchen grüner, farbenfroher, friedlicher, sauberer oder heiler machen? Welches Erbe möchtest du der Welt hinterlassen, wenn du stirbst?

Was zeichnet sich ab, wenn du diese Punkte durchgehst? Welcher Beruf oder welcher Arbeitsbereich könnte dich ansprechen? Vielleicht ist es etwas, das nicht im Entferntesten mit dem zu tun hat, was du heute tust. Oder aber du merkst, dass du dich in deinem jetzigen Berufsfeld gerne spezialisieren möchtest oder eine andere Position innerhalb des Betriebs anstrebst. Was auch immer es ist – versuche, deine Erkenntnisse zu nutzen. Befreie dich von einem Job, der dich unglücklich macht, und habe den Mut, Neues auszuprobieren, dich auf andere Stellen zu bewerben oder etwas anderes zu erlernen. Auch wenn es nicht immer so erscheint – meistens findet sich dort, wo der Wille ist, auch ein Weg.

Um beruflich zufriedener zu werden, können dir folgende Tipps helfen:

## VERKAUFE DICH NICHT UNTER WERT

Vielleicht denkst du, du hättest nichts zu bieten, niemand würde sich für das, was du tust und kannst, interessieren oder es stände dir nicht zu, entsprechendes Geld für deine Leistung zu nehmen. Halte dir immer vor Augen, dass du ein großes Potenzial in dir trägst!

## SCHAFFE DIR FREIZEITAUSGLEICH

Wir können uns nicht immer von heute auf morgen aus unbequemen Jobsituationen herauskatapultieren. Umso wichtiger ist es, auf eine ausgeglichene Work-Life-Balance zu achten. Versuche, so wenig Arbeit wie möglich mit nach Hause zu nehmen, und höre auf, immer hundert Prozent geben zu wollen. Für unseren Job zu leben, kann uns krank machen, denn es birgt das Risiko, dass wir ständig über unsere Grenzen gehen und uns stressen. Wenn du Feierabend hast, versuche abzuschalten und widme dich Dingen, die dir Freude machen. Schau noch einmal im Unterkapitel über Stress nach, welche Methoden dir helfen können, um den Stress auf der Arbeit zu minimieren und ihn nach der Arbeit bestmöglich abzubauen.

## BILDE DICH WEITER

Nutze den Umstand, in einem sicheren Arbeitsverhältnis zu stehen, und bilde dich nebenher weiter – egal ob Fernstudium, Fort- und Weiterbildungen, Bücher, VHS-Kurse oder was auch immer. Wenn du planst, dich selbstständig zu machen, starte dein Business nebenberuflich mit einem Kleingewerbe, einem Internetshop oder Kursen, die du in deiner freien Zeit anbietest.

## ARBEITE TEILZEIT

Überlege dir, ob es eine Option wäre, deine Stelle zu reduzieren. Manchmal muss es gar kein neuer Job sein, ein Mehr an Freizeit würde dir vielleicht schon helfen. Denke an den Minimalismus-Ansatz, nach dem Teilzeit mehr Lebenszeit bietet.

## RAUS AUS DER OPFERROLLE

Uns als Opfer zu betrachten, kann sich tatsächlich in einer gewissen Hinsicht gut anfühlen. Denn es entbindet uns von Verantwortung und verschafft uns einen Zuspruch von Mitleid und Verständnis. Doch solange wir Opfer sind, verspüren wir ebenfalls ein Gefühl von Ohnmacht. Wir sind der Ansicht, nichts an einer Situation ändern zu können, und glauben, die anderen seien schuld und würden uns zu etwas zwingen, ohne dass wir uns wehren können. Versuche, dich aus dieser Ohnmacht zu befreien, ermächtige dich deiner Situation wieder, indem du dir klarmachst, dass du deinen Beruf ausübst, weil du dich dafür entscheidest – jeden Tag aufs Neue. Sage nicht: „Ich muss arbeiten gehen", sondern: „Ich entscheide mich dafür, arbeiten zu gehen." Welche Muster, Ängste und Glaubenssätze auch immer dahinterstecken mögen oder welche Sachzwänge dir als Begründung dienen, etwa dass du jeden Monat deine Miete bezahlen musst – du entscheidest dich dafür, diesen Job zu machen, weil du deine Miete bezahlen willst, aber du musst es nicht. Wenn du wüsstest, dass in fünf Monaten ein Asteroid auf der Erde einschlagen und alles und jeden töten würde, sähe deine Entscheidung vielleicht ganz anders aus, da sich deine Prioritäten komplett verschieben würden.

## WIE HABEN ES ANDERE GESCHAFFT?

Wenn du eine Ahnung davon hast, was du beruflich machen möchtest, suche nach Menschen, die diesen Weg schon vor dir gegangen sind, und versuche herauszufinden, wie ihr Weg ausgesehen hat. Wo haben sie gelernt? Welche Kurse haben sie besucht? Vielleicht kannst du Kontakt zu jemandem aufnehmen und ihn um Rat fragen.

### LASS DICH INSPIRIEREN

Lese Bücher, schaue dir inspirierende Videos an, lasse dich motivieren, dir Mut machen und deinen Glauben an dich von anderen und ihrer Weisheit stärken.

## Sei geduldig mit dir selbst

Während ich in den vorherigen Kapiteln von „Detox your life" über Themen gesprochen habe, die zwar einen gewissen Anteil an Selbstdisziplin erfordern, aber dennoch leichter und schnell in die Tat umzusetzen sind, ging es in diesem letzten Teil des Buches ans Eingemachte. Keiner von uns steigert innerhalb einer Woche seinen Selbstwert von null auf hundert und gelangt von einem Leben voller Stress und Hektik in absolute Ausgeglichenheit und Ruhe. Habe Geduld mit dir, wenn es darum geht, deine Themen zu bearbeiten, und gib nicht enttäuscht auf, wenn du Rückschläge erlebst, manche Methoden bei dir vielleicht nicht sofort funktionieren oder du Schwierigkeiten mit der Umsetzung hast. Unser Denken, Fühlen und Verhalten zu ändern, ist ein tief greifender, andauernder und zuweilen langsam erscheinender Prozess.

Zu jedem einzelnen Thema in „Detox your life" könnte ich ein ganzes Buch schreiben, um es umfassend und in all seinen Facetten darzustellen. Mit diesem Buch habe ich dir viele Werkzeuge an die Hand gegeben, um dein Leben an den richtigen Stellen zu entgiften und zu mehr Glück, Ausgeglichenheit und Freude zu gelangen. Du wirst auf deiner Reise schnell bemerken, welche Themen dich besonders ansprechen. Wenn du bestimmte Themen weiter vertiefen möchtest, findest du im Anhang eine Liste mit weiterführender Literatur. Ich wünsche dir viel Spaß, eine große Portion Humor und eine Prise Leichtigkeit auf deiner Reise. Danke, dass ich dich ein Stück deines Weges begleiten durfte.

# Weiterführende Literaturempfehlungen

## ERNÄHRUNG & REZEPTE

**Clean Eating** – Sarah Schocke, Eva Dotterweich
**Superfoods** – Dana Jacobi
**Super-Smoothies** – Christine Bailey
**Vegan für mich** – Nicole Fischer
**RAW!** – Kirstin Knufmann
**Das Wildkräuter-Kochbuch** – Rune Kalf-Hansen, Linsen Sundgren
**Wild kochen** – Anette Eckmann
**PALEO. Power for life** – Nico Richter
**Die Basenkur** – Dr. Stephan Domenig
**Peace Food. Wie der Verzicht auf Fleisch und Milch Körper und Seele heilt** – Ruediger Dahlke

## MINIMALISMUS

**Habenwollen. Wie funktioniert die Konsumkultur?** – Wolfgang Ullrich
**Beautiful. Naturkosmetik selber machen** – Juliette Goggin, Abi Righton
**Das Glücksprojekt. Wie ich (fast) alles versucht habe, der glücklichste Mensch der Welt zu werden** – Alexandra Reinwarth
**Minimalismus – Loslassen, um zu leben** – Dr. Angela Fetzner
**Hygge – Ein Lebensgefühl, das einfach glücklich macht** – Meik Wiking
**Ich kauf nix! Wie ich durch Shopping-Diät glücklich wurde** – Nunu Kaller
**Die Kunst, mit meinem Geld auszukommen** – Hedwig Kellner
**Vintage your life! Besser leben, weniger ausgeben zwischen Küche und Kleiderschrank** – India Knight
**Der Selbstversorger-Küchenbalkon** – Friedrich Strauss, Katharina Adams
**Der Selbstversorger-Küchengarten** – Annette Hempel
**Flohmarkt-Chic** – Liz Bauwens, Alexandra Campbell

## DO IT YOURSELF

**Hab ich selbst gemacht. 365 Tage, 2 Hände, 66 Projekte** – Susanne Klingner
**Lieblingssachen selber machen** – Kelly Doust
**Upcycling. Stylishe Projekte für die Wohnung** – Sonia Lucano, Frédéric Lucano
**Selbermachen mit Spaß! Spielzeug und Möbel aus Holz für Kinder – DIY selber machen**

## ACHTSAMKEIT, MEDITATION & STRESS-BEWÄLTIGUNG

**Selbstmitgefühl. Wie wir uns mit unseren Schwächen versöhnen und uns selbst der beste Freund werden** – Kristin Neff
**Die 7 Geheimnisse der Schildkröte. Den Alltag entschleunigen, das Leben entdecken** – Aljoscha Long
**Achtsam durch den Tag. 53 federleichte Übungen zur Schulung der Achtsamkeit** – Jan Chozen Bays
**Meditation für Anfänger** – Jack Kornfield
**Gesund durch Meditation. Das große Buch der Selbstheilung mit MBSR** – Jon Kabat-Zinn
**Stressfrei durch Meditation. Das MBSR-Kursbuch nach der Methode von Jon Kabat-Zinn** – Maren Schneider
**Das Achtsamkeitstraining. 20 Minuten täglich, die Ihr Leben verändern** – Mark Williams, Danny Penman
**Der Weg zur Gelassenheit. Positiv mit Druck und Stress umgehen** – Gabi Pörner

## SELBSTLIEBE

**Radikale Selbstliebe. Feier dich selbst!** – Gala Darling
**Praktische Selbst-Empathie. Herausfinden, was man fühlt und braucht** – Gerlinde R. Fritsch
**So lerne ich mich selbst zu lieben** – Sabine Standenat
**Mach dich unbeliebt und glücklich – und nimm dir vom Leben, was du willst!** – Diana Dreeßen
**NEIN: Was vier mutige Buchstaben im Leben bewirken können** – Anja Förster, Peter Kreuz
**NEIN sagen will gelernt sein. Erfolgreich Grenzen setzen** – Gabi Pörner

## KOMMUNIKATION

**Konflikte lösen durch gewaltfreie Kommunikation** – Marshall B. Rosenberg
**Die Kraft der Mitfühlenden Kommunikation. Wie Worte unser Leben ändern können** – Andrew Newberg
**Die Blumen des Anderen wässern. Vier Schritte zur friedlichen Kommunikation** – Chan Khong
**Ja, aber ... Die heimliche Kraft alltäglicher Worte und wie man durch bewusstes Sprechen selbstbewusster wird** – Lelia Kühne de Haan

## BERUF

**Liebe dich selbst, auch wenn du deinen Job verlierst** – Eva-Maria Zurhorst, Wolfram Zurhorst
**Handbuch für ortsunabhängiges Arbeiten** – Tim Chimoy
**Das Handbuch für digitale Nomaden. Selbstbestimmt leben – ortsunabhängig arbeiten** – Sebastian Kühn
**I Love Mondays. Arbeit, die du liebst, Freiheit, die du lebst** – Tim Chimoy
**Die 4-Stunden-Woche. Mehr Zeit, mehr Geld, mehr Leben** – Timothy Ferriss

# Interessante Web-Adressen

**gute Mixer oder Entsafter gibt es unter:**
www.gruenesmoothies.de
www.keimling.de

**Produkte für die Monatshygiene gibt es unter:**
www.erdbeerwoche-shop.com
www.blumenkinder.eu
www.shethinx.com

# Biografie

Sarah Wasgien ist examinierter Gesundheits- und Krankenpflegerin, DTB-Entspannungstrainerin, Bloggerin, Weltverbesserin, Autorin und Naturliebhaberin. Getrieben von dem Impuls Menschen mit ihren Worten zu inspirieren, ihr Leben zu bereichern, ihnen Freude und Motivation zu schenken, bloggt sie schon seit ihrer Jugend auf verschiedenen Plattformen. Seit 2014 widmet sie sich vor allem ihrem Blogprojekt Glowing Life.

Durch ihre große Neugierde und Auseinandersetzung mit verschiedensten Ernährungsformen, Detoxkonzepten, Entspannungsmethoden, Yoga, Psychologie, Achtsamkeit, Spiritualität und Minimalismus wuchs ihr Interesse an Möglichkeiten ein einfaches, erfülltes und glückliches Leben zu führen. In vielen Selbstversuchen entwickelte sie ein Gefühl für Einfachheit und dafür an welchen Stellen weniger eben doch mehr ist, lernte welche Methoden gut funktionieren und was man sich getrost sparen kann.

Wenn sie nicht gerade selbst mal wieder ihre Wohnung entrümpelt, Yoga macht oder im Garten arbeitet, genießt sie wahrscheinlich das Leben in dem sie in der Sonne liegt, ein gutes Buch liest, sich leckeres Essen schmecken lässt oder Zeit mit ihren Freundinnen verbringt.

Zusammen mit ihrem Mann und ihren zwei Katzen lebt sie fernab vom Großstadtgetummel in einer grünen Ecke des Ruhrgebiets.

**www.glowinglife.de**
**www.risingwomentribe.com**

# Ein herzliches Dankeschön

Mit der Veröffentlichung dieses Buches erfüllt sich einer der größten Träume in meinem Leben. Selbst während des Schreibens konnte ich es oftmals gar nicht glauben. Doch wenn sich Träume zu erfüllen scheinen, treten auch Selbstzweifel und der wohlbekannter innerer Kritiker auf den Plan. Zum Glück waren die Stimmen meiner Freunde und Familie lauter. Daher möchte ich mich an dieser Stelle bei einigen Menschen ganz besonders bedanken. Nina, dir danke ich für deine Unterstützung, dein gutes Zureden, deine Zuversicht und dein Mut machen vom ersten Tag an.

Netti und Lea, ihr wart die ersten die meine Notizen, Aufzeichnungen und Rohfassungen zu Augen bekommen habt. Danke für eure Zeit und Energie die ihr in das Korrekturlesen, Notizen verfassen und Anregungen geben gesteckt habt. Ravena, Tanja, Milena, Jasmin und Sari, ihr habt mich mental immer unterstützt, wart neugierig und habt mir eure Zeit und euer Interesse geschenkt. Danke dafür! Einen herzlichen Dank auch an Tobi der sich extra eine Stunde mit mir in die Kälte gestellt hat um ein schönes Autorenfoto von mir zu schießen.

Meinem Mann Sebastian danke ich für sein Verständnis, seine liebevolle Unterstützung, das Auffangen in schweren Stunden, seine Rücksichtnahme und das Schaffen von Zeit und Raum ohne die dieses Buch nie zustande gekommen wäre. Ich liebe dich!

Last but not least danke ich Doreen, meiner Ansprechpartnerin und Kontaktfrau für das Buch im Verlag, die immer für mich da war, immer ein offenes Ohr hatte, sich Zeit genommen hat und für die es keine dummen Fragen gab. Danke dass wir gemeinsam an diesem Buch arbeiten durften und es durch unsere Ideen zu diesem wunderschönen Stück gebundenem Papier werden konnte.

# Ebenfalls erhältlich ...

ISBN 978-3-95961-189-3

ISBN 978-3-95961-143-5

ISBN 978-3-95961-224-1

ISBN 978-3-95961-190-9

# Impressum & Bildnachweis

**Produktmanagement:** Doreen Wolff
**Textredaktion:** Angelika Holdau
**Korrektur:** Constanze Lüdicke
**Layout und Satz:** Sabine Loos
**Umschlaggestaltung:** Sabine Loos
**unter Verwendung von Fotos von Shutterstock:** Alena Haruyli, Skumer, PlusONE
**Repro:** Repro Ludwig, Zell am See
**Herstellung:** Barbara Uhlig
**Text:** Sarah Wasgien

**Bildnachweis:** shutterstock: S. 5 u.l ( Alena Haurylik), o.r. (Adrey Yarlov), u. (Plus ONE), S. 8/9 (Alena Haurylik), S. 10 (iordani), S. 13 (Donot6_Studio), S. 17 (margouillat photo), S. 19 & S. 23 (Foxys Forest Manufacture), S. 24 (Oleksandra Naumenko ), S.25 (puhhha), S. 27 (zi3000), S. 29 (viki2win), S. 33 (StockPhotosLV), S. 37 (allstars), S. 40 (Dan Kosmayer), S. 43 o. (PlusOne), u.l. (sakuraphotography), u.r. (Oksana Shufrych), S. 45 (Skumer), S. 46 o. (Natalia Klenova), m. (Zmaj88), u. (5 second Studio), S. 47 (rootstock), S. 50/51 (FCSCAFEINE), S. 52/53 & S. 55 (PlusONE), S. 59 (united photo studio), S. 62 o.l. (Didecs), o.r. (Africa Studio), u. (Peter Cripps), S. 65 (Piccia Neri), S. 67 (WorldWide), S. 71 o.l. (Kostikova Natalia), o.r. (varandah), u. (Yulia Grigoryeva), S. 73 (FabrikaSimf), S. 75 (Photographee.eu), S. 77 (PORTRAIT IMAGES ASIA BY NONWARIT), S. 81 (sitthiphong), S. 84 (Frank Gaertner), S. 86 (Kate Aedon), S. 88 (Olena Mykhaylova), S. 91 o.l. (Asia Images Group), o.r. (progressman), u. (kitzcorner), S. 93 (Photographee.eu), S. 97 (Galyna Motizova), S. 101 (happykanppy), S. 105 (Julia Sudnitskaya), S. 106/107 (Photographee.eu), S. 108/109 (Andrey Yurlov), S. 113 (Kite_rin), S. 114 u.l. (inna f. photography), u.r. (Sinart Creative), S. 115 (Zdenek Venclik), S. 119 (Kuba Barzycki), S. 120 (Milan Stojanovic), S. 125 (COLOMBO NICOLA), S. 129 o.l. (HconQ), o.r. (Dark Moon Pictures), u.(chuanpis), S. 132 (okawa somchai), S. 136 (Patrizia Tilly), S. 141 o. (racorn), u.l. (MADvertise), u.r. (Rawpixel.com), S. 143 (stockelements), S. 146 (Yulia Grigoryeva), S. 147 (marypastukh), S. 151 (pathdoc), S. 155 (nonneestudio), S. 157 (Ditty_about_summer), S. 158 (KieferPix), S. 163 (Maria Savenko), S. 167 (Connor Every), S. 169 (Infinity T29), S. 173 (Africa Studio), S. 176 o.l. (Ollyy), o.r. (altanaka), u. (jakkaje808), S. 179 (CHAINFOTO24), S. 180/181 (Egor Fomin), S. 182 (ambrozinio), S. 185 (michelangeloop), S. 187 (745565758); Umschlag Rückseite (Piccia Neri), (progressman), (Egor Fomin); außer: S. 189 privat

Printed in Slovenia by Florjancic

★ ★ ★ ★ ★

Sind Sie mit diesem Titel zufrieden? Dann würden wir uns über Ihre Weiterempfehlung freuen. Erzählen Sie es im Freundeskreis, berichten Sie Ihrem Buchhändler, oder bewerten Sie bei Onlinekauf. Und wenn Sie Kritik, Korrekturen, Aktualisierungen haben, freuen wir uns über Ihre Nachricht an:
Christian Verlag, Postfach 40 02 09, D-80702 München oder per E-Mail an lektorat@verlagshaus.de.

Unser komplettes Programm finden Sie unter www.christian-verlag.de

Alle Angaben dieses Werkes wurden von der Autorin sorgfältig recherchiert und auf den neuesten Stand gebracht sowie vom Verlag geprüft. Für die Richtigkeit der Angaben kann jedoch keine Haftung übernommen werden.

Die Deutsche Nationalbibliothek verzeichnet diese Publikation in der Deutschen Nationalbibliografie; detaillierte bibliografische Daten sind im Internet über http://dnb.d-nb.de abrufbar.



ISBN 978-3-95961-182-4